Vorwort

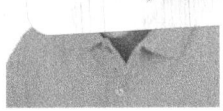

Liebe Leserin,
lieber Leser,

bei System-Störungen hilft nur eines: Ausgewählte Schritt-für-Schritt-Anleitungen und professionelle Reparatur-Funktionen, mit denen Sie Ihr System schnell wiederherstellen können. Denn wenn Windows 10 den Dienst verweigert, kommen Sie nicht mehr an Ihre E-Mails und ins Internet – das ist der reinste Stress, besonders wenn Sie beruflich auf Ihren PC angewiesen sind.

Die passenden Diagnose- und Reparatur-Anleitungen, um Windows 10 im Notfall schnell wieder herzustellen, finden Sie in diesem Buch. Damit sind Sie im Fehlerfall sofort in der Lage, Ihr System zu reparieren und wichtige Daten zu retten. Selbst bei einem Totalausfall der Festplatte.

Wussten Sie beispielsweise, dass es von Microsoft kostenlose Skripts gibt, mit dessen Hilfe Sie System-Störungen von Windows 10 automatisch beheben können?

Egal, ob Sie eine Fehlermeldung beseitigen, Konfigurationseinstellungen ändern oder andere Probleme lösen möchten, **Microsoft Fix it** bietet viele Lösungen an, die ganz leicht automatisch ausgeführt werden können, ohne dass Sie manuell eingreifen müssen.

1. Suchen Sie mit Google (www.google.de) und der Suchanfrage **Microsoft Fix it** nach der Microsoft-Hilfe.

2. Klicken Sie auf den Link **Microsoft Fix it-Supportcenter**.

3. Im oberen Bereich wählen Sie das ❶ Produkt aus, welches ein Problem bereitet.

4. Unterhalb bekommen Sie eine ❷ Liste mit Lösungen angezeigt. Aktivieren Sie die passende Lösung mit einem Klick auf **Jetzt starten**.

5. Sie erhalten dann zur Beseitigung des Fehlers meist eine .MSI-Datei zum Download angeboten. Diese Datei können Sie entweder erst speichern oder direkt per Ausführen nach dem Download starten lassen.

6. Folgen Sie dann den Anweisungen des Assistenten.

Lösen Sie System-Störungen mit den Reparatur-Skripts von Microsoft.

Kostenlose Hotline per E-Mail

Sollten Sie Ihr Windows 10-Problem nicht mit den in diesem Buch beschriebenen Schritt-für-Schritt-Anleitungen und Tools lösen können, stehen ich und mein Team Ihnen zur Verfügung. Als **Privatperson** erhalten Sie kostenlose E-Mail-Hotline bei Windows 10-Störungen. Senden Sie Ihr Windows 10-Problem per E-Mail an info-vrb@web.de

Herzlichst

Ihr Reiner Backer

Autor und Herausgeber von Windows 10 – Fehlerlösungen

Inhalt

Windows 10 – Fehlerlösungen

Windows 10 – Fehlerlösungen

Windows 10 – Fehlerlösungen

Sichern Sie Ihr komplettes System

Wer selbst schon einmal mit defekten Festplatten zu kämpfen hatte weiß, wie viel Arbeit es macht, das Betriebssystem samt allen Programmen neu zu installieren. Wesentlich zeitsparender lässt sich dies erledigen, wenn Sie regelmäßig Festplatten-Abbilder Ihres Systems erstellen. Nach einem Festplattencrash genügt es dann, eine neue Festplatte einzubauen, das Abbild zurückzuspielen und alles funktioniert wie vorher.

So sind Sie im Schadensfall in der Lage, die vorher in der Image-Datei gesicherten Daten, Programme und das Betriebssystem einfach wieder zurückzuspielen. Das funktioniert auch, wenn Windows beschädigt wurde oder wenn Ihre Festplatte komplett den Dienst verweigert.

Erstellen Sie ein Abbild Ihrer Festplatte

In Windows 10 ist ein Backup-Imaging-Tool enthalten. Damit können Sie per Klick eine exakte Kopie Ihrer Festplatte erstellen. Im Ernstfall stellen Sie dann Ihr System und alle Ihre Daten und Programme einfach mit dem Image wieder her. Bei einem komplexen System mit 200 GByte belegten Speicherplatz dauert das zwar auch ungefähr drei Stunden. Das Wiederaufspielen Ihrer Anwendungen und Daten läuft aber vollautomatisch ab, ohne dass Sie etwas tun müssen.

Tipp! Speichern Sie das Image auf einer externen USB-Festplatte. Damit sind Sie im Fall eines Festplattendefekts abgesichert und können Ihr System schnell wiederherstellen.

Um eine Kopie von Ihrer Festplatte zu erstellen, gehen Sie folgendermaßen vor:

1. Drücken Sie die Tastenkombination <**WIN**>+<**X**> und wählen Sie den ❶ Eintrag **Systemsteuerung** aus.

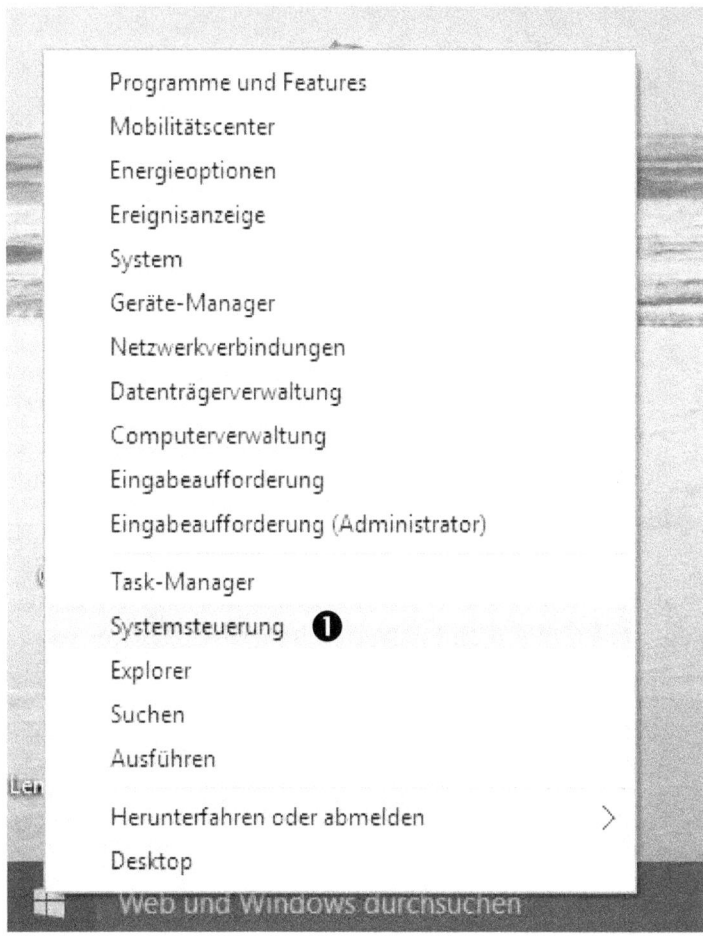

Programme und Features
Mobilitätscenter
Energieoptionen
Ereignisanzeige
System
Geräte-Manager
Netzwerkverbindungen
Datenträgerverwaltung
Computerverwaltung
Eingabeaufforderung
Eingabeaufforderung (Administrator)

Task-Manager
Systemsteuerung   ❶
Explorer
Suchen
Ausführen

Herunterfahren oder abmelden   >
Desktop

Aktivieren Sie das Kontext-Startmenü von Windows 10.

2. Wählen Sie den Eintrag **System und Sicherheit** aus.

3. Klicken Sie auf ❷ **Sichern und Wiederherstellen (Windows 7)**.

Windows 10 – Fehlerlösungen

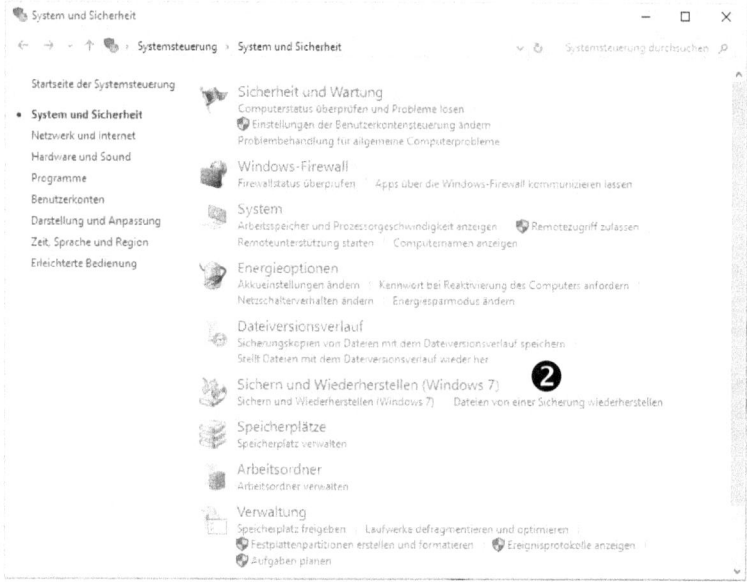

Lassen Sie sich die Funktionen der Rubrik System und Sicherheit anzeigen.

4. Wählen Sie im linken Fensterteil den ❸ Link **Systemabbild erstellen**.

Legen Sie eine exakte Kopie Ihrer Festplatte an.

5. Im Folgenden können Sie wählen, ob Sie auf eine ❹ Festplatte, auf DVDs oder auf eine Netzwerkfreigabe das Abbild der Festplatte speichern wollen.

Wählen Sie eine externe USB-Festplatte.

6. Bestätigen Sie Ihre Auswahl mit einem Klick auf **Weiter** und wählen Sie aus, welche ❺ Laufwerke gesichert werden sollen.

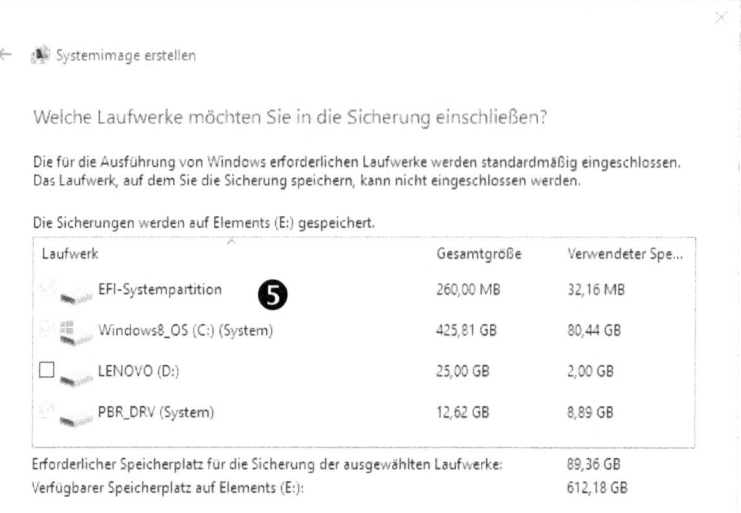

Sichern Sie das komplette System mit alle Daten und Programmen.

7. Klicken Sie dann auf ❻ **Weiter** und **Sicherung starten**.

Starten Sie den Sicherungsvorgang.

8. Lassen Sie sich abschließend mit einem Klick auf ❼ **Ja** noch eine startfähige CD erstellen. Über diese CD können Sie das System auch beim Ausfall Ihrer Festplatte zurücksichern. Alternativ starten Sie das System über die Windows 10-DVD und wählen dann die Reparaturfunktion aus.

Systemimage erstellen

Möchten Sie einen Systemreparaturdatenträger erstellen?

Mithilfe eines Systemreparaturdatenträgers können Sie den Computer neu starten. Er enthält auch Windows-Systemwiederherstellungstools, mit denen Sie Windows nach einem schwerwiegenden Fehler wiederherstellen oder anhand eines Systemabbilds ein neues Abbild des Computers erstellen können.

❼

☐ Diese Meldung nicht mehr anzeigen | Ja | Nein

So können Sie im Notfall über eine startfähige CD das System aktivieren.

Setzen Sie Windows 10 auf den zuletzt funktionierenden Zustand zurück

Wer kennt das nicht, irgendwann kommt es bei Windows aufgrund einer Installation oder eines Absturzes zu Fehlermeldungen oder es wird instabil. Jetzt würde es helfen, die letzte Aktion vor dem Auftreten der Fehler wieder rückgängig zu machen. Was den Fehler verursacht hat, ist jedoch nicht immer klar.

Für solche Fälle stellt Ihnen Windows 10 die System-wiederherstellung zur Verfügung. Damit können Sie Ihr

System bei Störungen oder sonstigen Problemen schnell in den Zustand zurücksetzen, den er vor dem Auftreten des Problems hatte. Windows 10 verwendet hierfür zuvor gesicherte Betriebssystemeinstellungen inklusive der dazugehörigen Treiber und Dateien.

- Bei jedem Update Ihres Systems oder eines Hardware-Treibers erstellt Windows 10 automatisch einen Wiederherstellungspunkt. Voraussetzung ist, dass genügend Speicherplatz auf der Festplatte zur Verfügung steht und die Systemwiederherstellung nicht deaktiviert ist.

- Ein Wiederherstellungspunkt wird darüber hinaus auch bei der Installation von Software-Komponenten angelegt, wenn diese Veränderungen an den Systemdateien oder -einstellungen durchführen. Das ist beispielsweise bei einem Update oder Sicherheitspatch von Windows 10 der Fall.

So richten Sie einen Wiederherstellungspunkt ein

Im Fehlerfall können Sie also mit der Systemwieder-herstellung Änderungen an Ihrem System rückgängig machen. Die gesicherte Konfiguration wird wieder-hergestellt und alles ist wieder so, wie es vor der Änderung war. Deshalb sollten Sie als Erstes einen Wieder-herstellungspunkt manuell einrichten. Gehen Sie dazu folgendermaßen vor:

1. Drücken Sie die Tastenkombination <**WIN**>+<**X**> oder klicken Sie den Startknopf mit der rechen Maustaste an.

2. Wählen Sie den Eintrag **Systemsteuerung**.

3. Wählen Sie unter Anzeige den Eintrag ❶ **Große Symbole** aus.

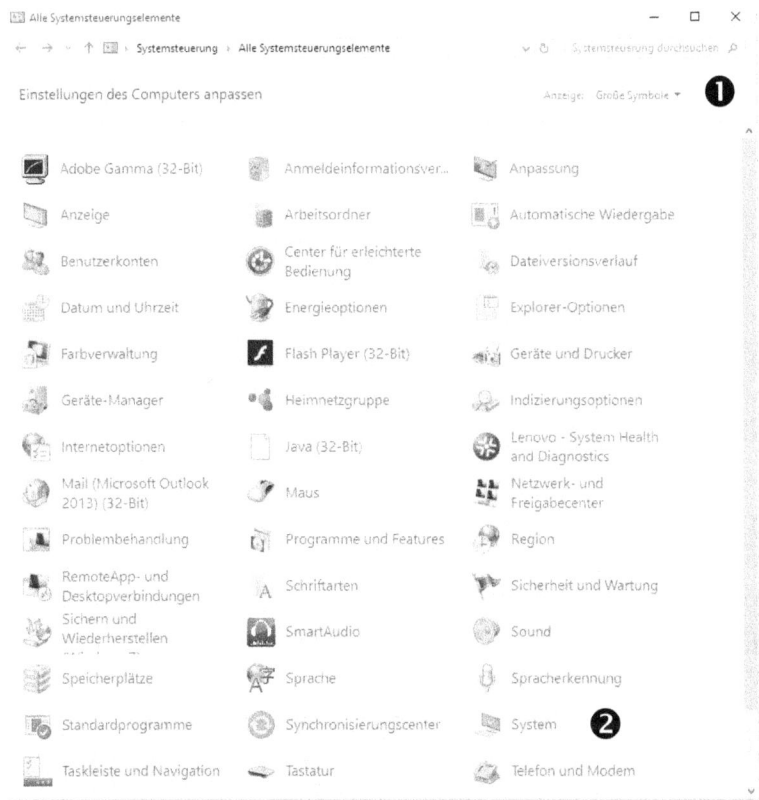

Aktivieren Sie die Systemsteuerung.

4. Klicken Sie auf ❷ **System** und im linken Fensterteil auf den Link ❸ **Computerschutz**.

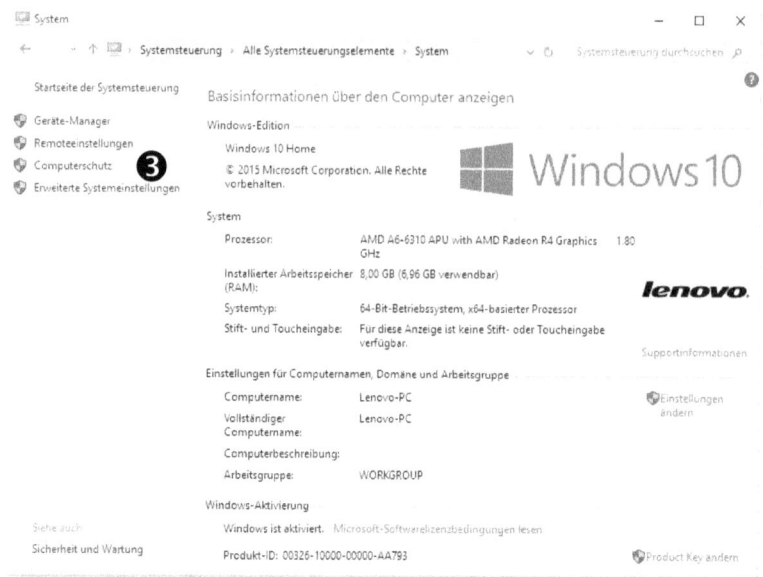

Wählen Sie den Link Computerschutz aus.

5. Anschließend können Sie die Datenträger auswählen, die in die Systemwiederherstellung einbezogen werden sollen. Belassen Sie es am besten bei der Voreinstellung.

6. Sollte der Schutz für das betreffende Laufwerk deaktiviert sein, klicken Sie auf **Konfigurieren** und wählen die Option **Computerschutz aktivieren**.

7. Um einen Wiederherstellungspunkt anzulegen, klicken Sie jetzt auf die Schaltfläche ❹ **Erstellen**.

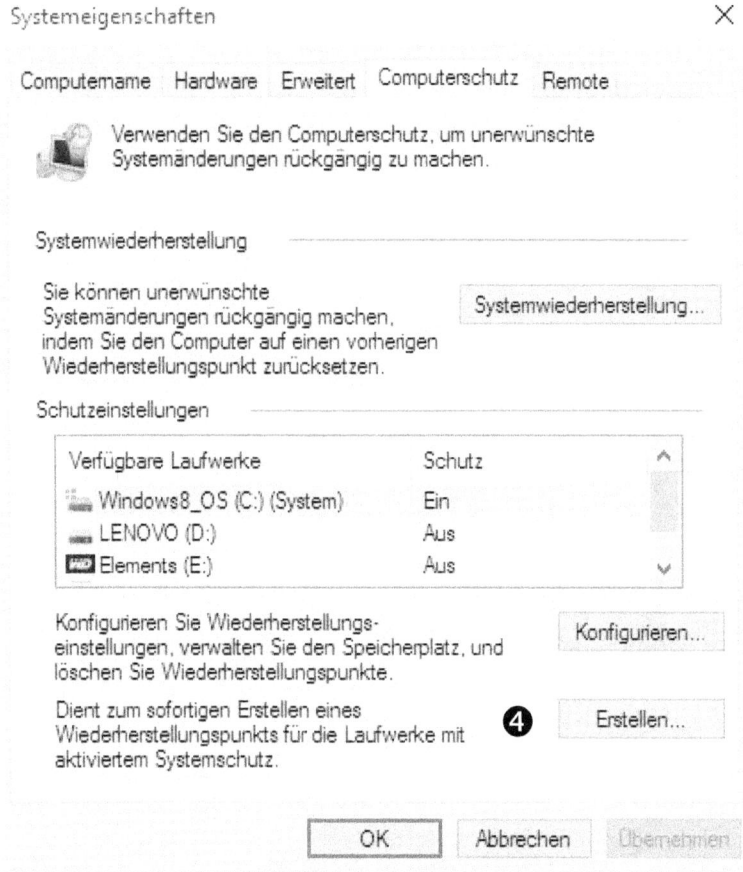

Bereiten Sie für den Notfall einen manuellen Wiederherstellungspunkt vor.

8. Geben Sie einen Namen für den Wiederherstellungspunkt ein und klicken Sie auf ❺ **Erstellen**.

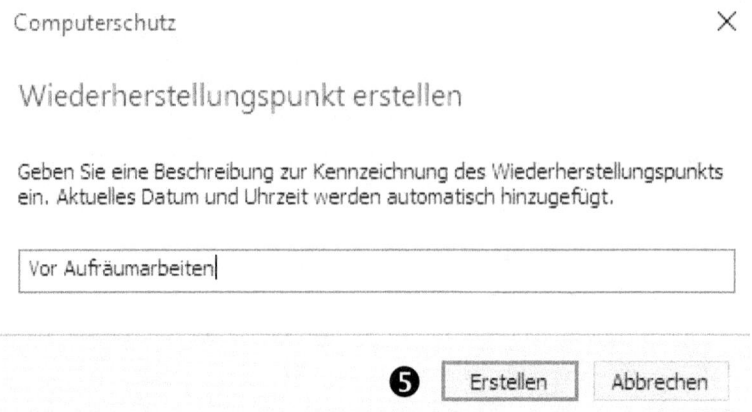

Vergeben Sie einen sprechenden Namen.

9. Der Wiederherstellungspunkt wird nun erstellt und damit eine Momentaufnahme Ihres Systems gespeichert.

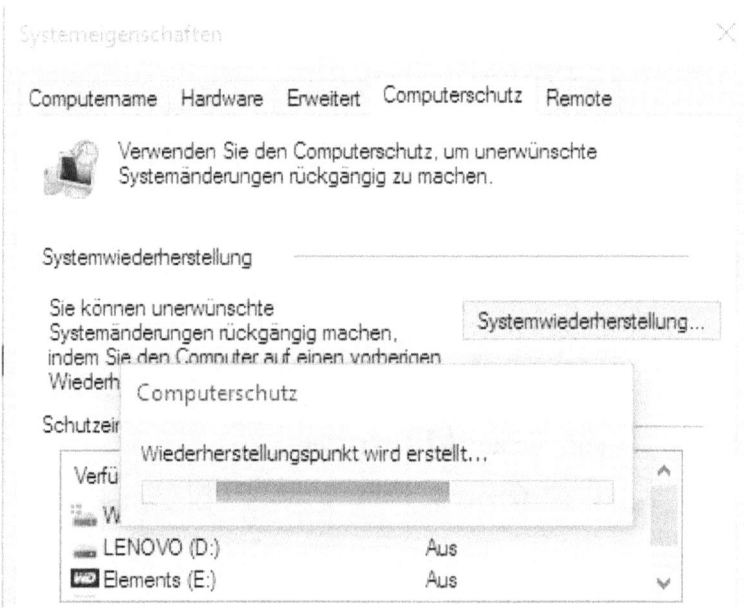

So sind Sie im Fehlerfall auf der sicheren Seite.

Bei einem Problem oder im Schadensfall können Sie jetzt Ihr System in einen früheren, funktionierenden Zustand zurückversetzen:

1. Aktivieren Sie die Systemsteuerung und wählen Sie unter Anzeige den Eintrag **Große Symbole** aus.

2. Klicken Sie auf **System** und im linken Fensterteil auf den Link **Computerschutz**.

3. Klicken Sie auf die Schaltfläche ❻ **Systemwieder-herstellung** und auf **Weiter**.

Aktivieren Sie die Systemwiederherstellung.

4. Wenn Sie die letzte Aktualisierung rückgängig machen möchten, wählen Sie den ❼ Eintrag ganz oben in der Liste aus.

Wenn Sie einen älteren Wiederherstellungspunkt wählen möchten, klicken Sie auf die Option ❽ **Weitere Wiederherstellungspunkte anzeigen**. Klicken Sie dann auf den gewünschten Wiederherstellungspunkt und betätigen Sie die Schaltfläche **Weiter**.

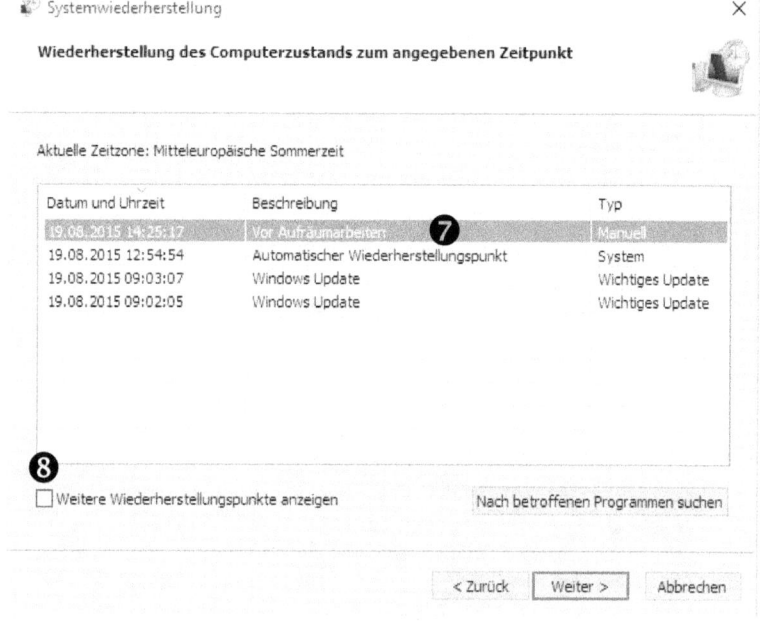

Wählen Sie den gewünschten Wiederherstellungspunkt aus.

5. Bestätigen Sie Ihre Auswahl durch einen Klick auf **Fertig stellen**.

6. Ihr System wird anschließend neu gestartet und in dem vorher gewählten funktionierenden Zustand wieder-hergestellt.

Aktivieren Sie den abgesicherten Modus

Wenn Windows beim Systemstart plötzlich einfriert oder sich mit einem Bluescreen verabschiedet, ist der abgesicherte Modus oft die letzte Rettung. Denn nach dem Start im abgesicherten Modus nehmen Sie die notwendigen Korrekturen in den Windows-Einstellungen vor und bringen Ihr System dadurch wieder zum Laufen. Im abgesicherten Modus startet Ihr System nur mit den Treibern, Diensten und Prozessen, die für einen Minimalbetrieb von Windows unbedingt notwendig sind.

Dazu zählen die Treiber für Maus, Monitor, Tastatur, Festplatte, die Grundeinstellungen für die Grafikfunktion sowie die Standardsystemdienste. Insbesondere nach der fehlerhaften Installation von neuen Geräten, Treibern oder Software startet Windows automatisch im abgesicherten Modus.

So starten Sie Ihr System in den abgesicherten Modus

Den abgesicherten Modus können Sie unter Windows 10 wie folgt aktivieren:

1. Um Windows 10 gezielt im abgesicherten Modus zu starten, drücken Sie beim Systemstart die Tasten **<Shift>**+**<F8>**.

Hinweis: Die Startzeit von Windows 10 ist sehr schnell und daher klappt dieser Schritt oft erst nach ein paar Versuchen.

2. Sollte Windows 10 noch starten, können Sie den abgesicherten Modus auch über die Systemkonfiguration aktivieren.

3. Drücken Sie dazu die Tastenkombination **<WIN>+<R>**.
Geben Sie ❶ **msconfig** ein und bestätigen Sie mit **OK**.

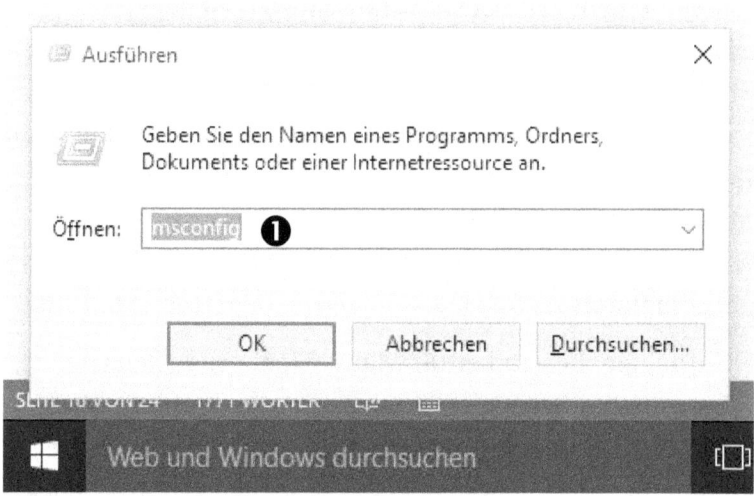

Aktivieren Sie die Eingabeaufforderung.

4. Im Register **Start** aktivieren Sie die ❷ Option
Abgesicherter Start und starten das System neu.

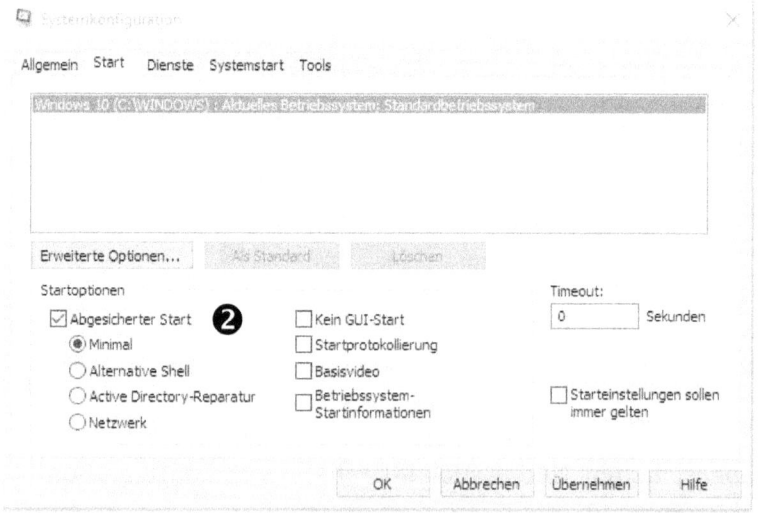

Starten Sie in den abgesicherten Modus.

5. Drücken Sie im abgesicherten Modus die Tasten-kombination **<WIN>+<X>** und wählen Sie den Eintrag **Systemsteuerung** aus.

6. Geben Sie in das Suchfeld den ❸ Text **problem** ein und wählen Sie den ❹ passenden Link aus.

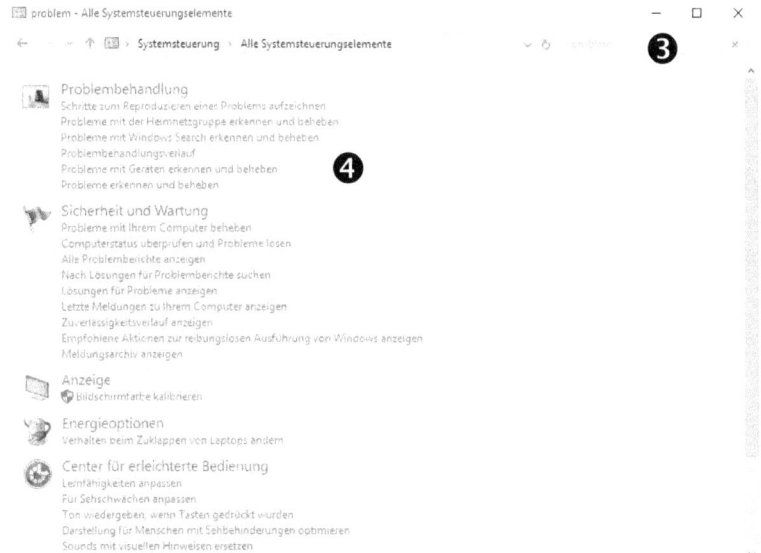

Alle Funktionen von Windows 10 stehen natürlich auch im abgesicherten Modus zur Verfügung.

7. Sollte die obige Problembehandlung keine Lösung bieten, können Sie auch die erweiterten Tools einsetzen. Klicken Sie dazu auf den **Start**-Knopf unten links und wählen Sie aus dem Menü den Eintrag **Einstellungen**.

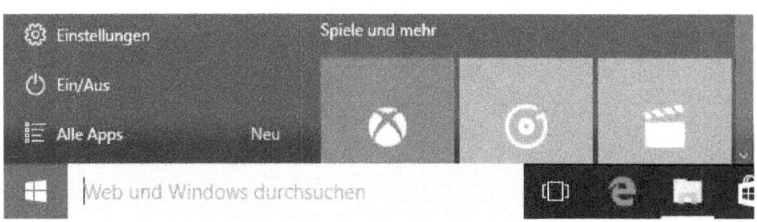

8. Klicken Sie dann auf **Updaten und Sicherheit** und
Wiederherstellung. Wählen Sie dann beispielsweise
Diesen PC zurücksetzen, um wieder einen stabilen
Zustand des Systems herzustellen.

Setzen Sie die Rettungsfunktionen von Windows 10 ein.

Hinweis: Damit Sie beim Systemstart bequem im
abgesicherten Modus starten können, gibt es einen Trick.
Mit diesem können Sie das Bootmenü wie von den
Vorgängerversionen von Windows gewohnt mit **<F8>**
aktivieren.

1. Drücken Sie die Tastenkombination **<WIN>+<X>**.

2. Wählen Sie aus dem Menü den ❻ Eintrag
Eingabeaufforderung (Administrator).

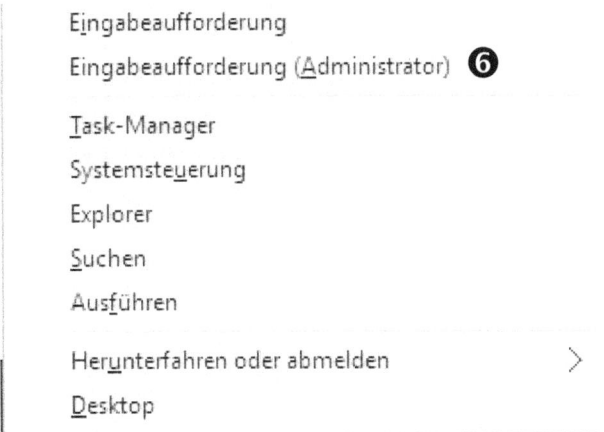

Aktivieren Sie die Eingabeaufforderung mit erweiterten Rechten.

3. Bestätigen Sie die Sicherheitsabfrage der Benutzerkontensteuerung mit einem Klick auf **Ja**.

4. Geben Sie die beiden folgenden Befehle ein:
**cd **
bcdedit /set {default} bootmenupolicy legacy

5. Schließen Sie die Eingabeaufforderung. Anschließend lässt sich das Startmenü des abgesicherten Modus beim Starten wieder per <**F8**> aktivieren.

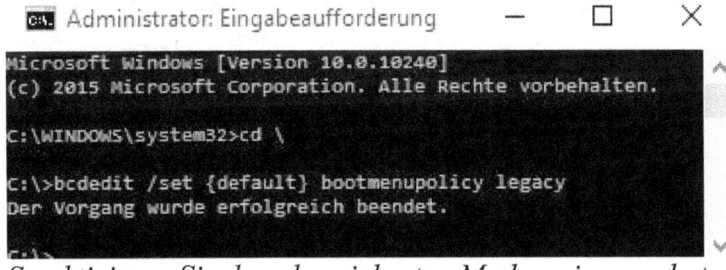

So aktivieren Sie den abgesicherten Modus wie gewohnt.

Prüfen Sie Ihre Festplatte auf Fehler

Bei undefinierbaren und überraschenden Plattenproblemen sollten Sie zuerst zu Software-Tools greifen. Windows bietet Ihnen für diesen Fall die Datenträgerüberprüfung. Um diese zu aktivieren, gehen Sie folgendermaßen vor:

1. Schließen Sie alle Programme und Dateien und starten Sie den Windows-Explorer (**WIN**+<**E**>).

2. Klicken Sie im Windows-Explorer mit der rechten Maustaste auf das Symbol des Laufwerks, das Sie auf Fehler überprüfen möchten. Aus dem Kontextmenü wählen Sie den ❶ Eintrag **Eigenschaften**.

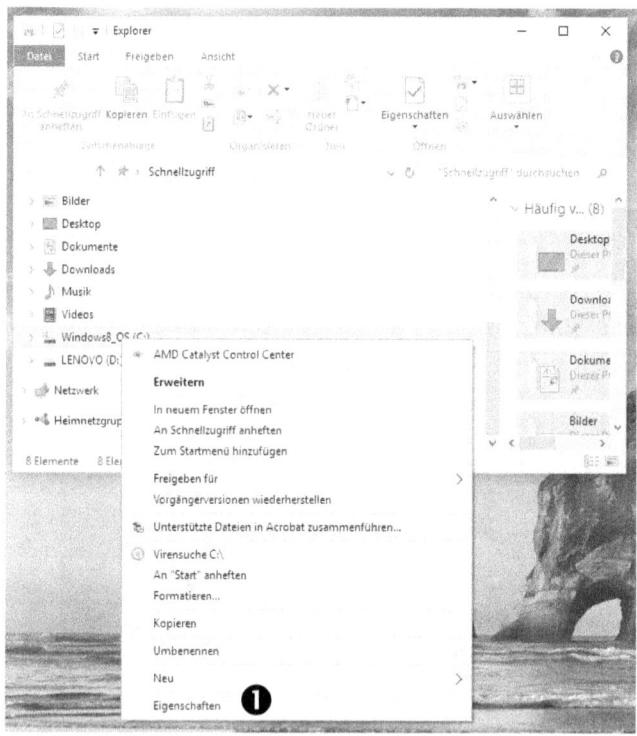

Aktivieren Sie die Datenträgerüberprüfung über den Windows-Explorer.

3. Wählen Sie das ❷ Register **Tools** und klicken Sie auf ❸
Prüfen.

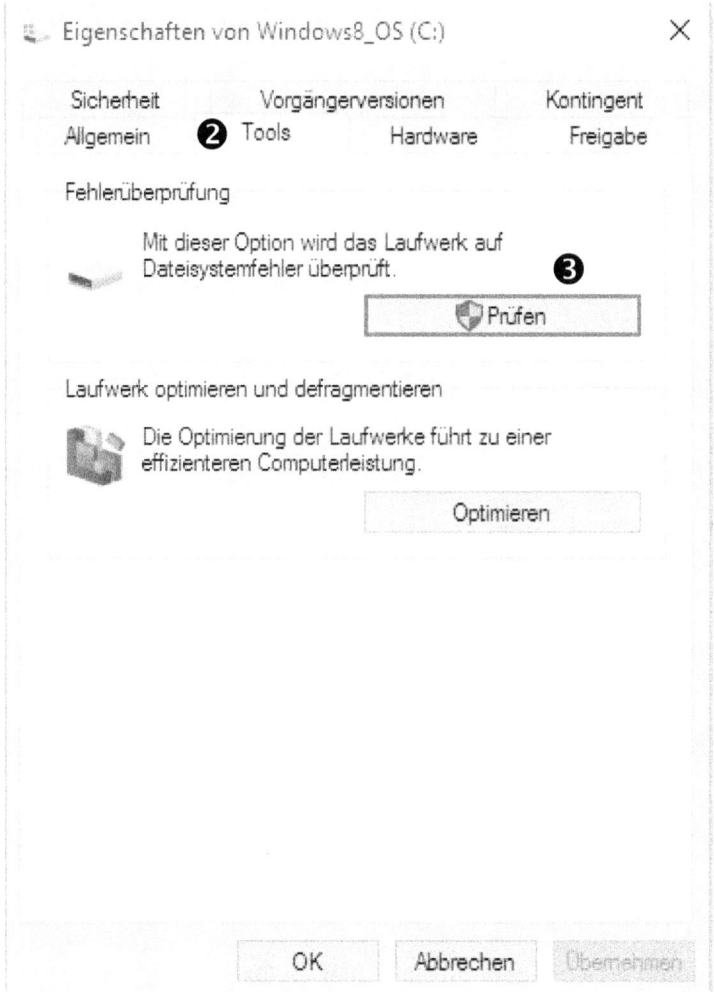

Starten Sie die Datenträgerüberprüfung.

4. Klicken Sie auf den ❹ Link **Laufwerk scannen**.

Windows 10 – Fehlerlösungen

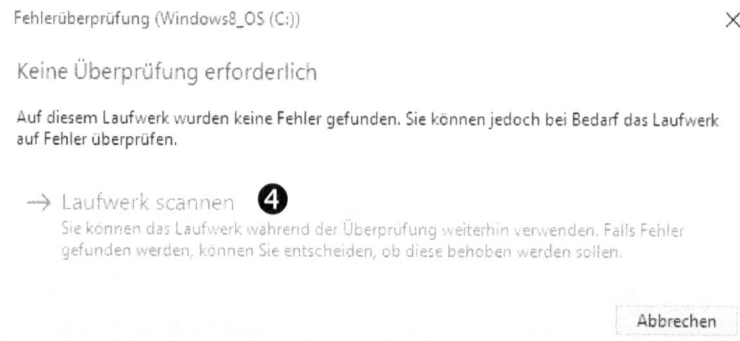

Fehlerüberprüfung (Windows8_OS (C:))   ✕

Keine Überprüfung erforderlich

Auf diesem Laufwerk wurden keine Fehler gefunden. Sie können jedoch bei Bedarf das Laufwerk auf Fehler überprüfen.

→ Laufwerk scannen ❹
Sie können das Laufwerk während der Überprüfung weiterhin verwenden. Falls Fehler gefunden werden, können Sie entscheiden, ob diese behoben werden sollen.

Abbrechen

Checken Sie Ihr Dateisystem auf Fehler und lassen Sie diese automatisch reparieren.

5. Während der Überprüfung des Laufwerks können Sie weiterarbeiten. Falls Fehler im Dateisystem entdeckt werden, können Sie diese automatisch reparieren lassen.

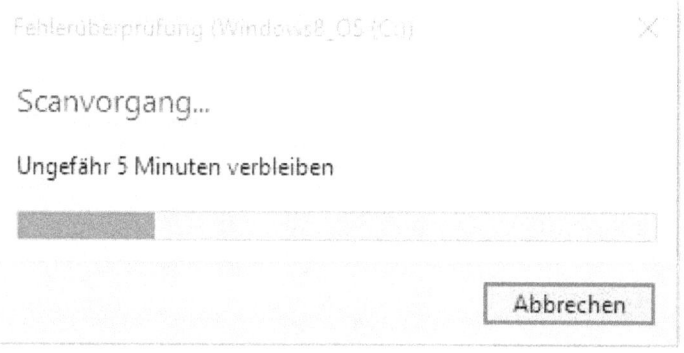

Fehlerüberprüfung (Windows8_OS (C:))   ✕

Scanvorgang...

Ungefähr 5 Minuten verbleiben

Abbrechen

Je nach Festplattengröße kann der Test ca. 5 Minuten dauern.

Tipp! Sollten jetzt immer noch Fehler im Dateisystem angezeigt werden, führen Sie den **chkdsk**-Befehl aus. Dieses Kommandozeilen-Tool bietet umfangreiche Möglichkeiten zur Prüfung einer Festplatte.

1. Drücken Sie <**WIN**>+<**X**> und wählen Sie den Eintrag **Eingabeaufforderung (Administrator)**.

2. Geben Sie den **chkdsk**-Befehl ggf. mit dem Laufwerksbuchstaben ein: **chkdsk c:** und bestätigen Sie mit **<Return>**. Wenn Sie den Laufwerksbuchstaben nicht angeben wird die Festplatte C: untersucht.

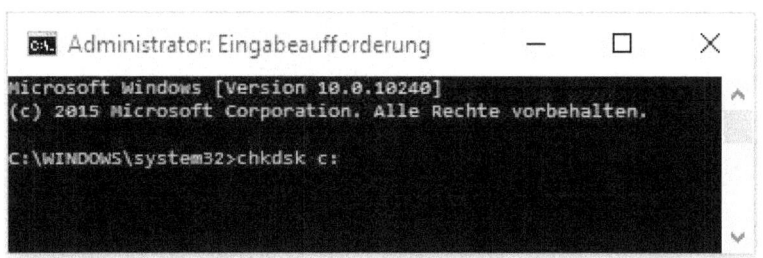

*Testen Sie den Datenträger mit dem **chkdsk**-Befehl.*

CHKDSK [<LW:>] [/F] [/V] [/R] [/X] [/I] [/C] [/L[:<Größe>]]

Parameter	Beschreibung
<LW:>	Angabe des zu überprüfenden Datenträgers.
/F	Haben Sie exklusiven Zugriff auf den Datenträger, wird eine Überprüfung mit Fehlerbehebung ausgeführt. Ansonsten erhalten Sie eine Meldung mit der Option, dass beim nächsten Systemstart eine automatische Prüfung mit Fehlerbehebung durchgeführt wird.
/V	Während der Fehlerüberprüfung unter NTFS erhalten Sie ausführliche Meldungen über den Status, bei FAT-Laufwerken werden

	komplette Pfadnamen angezeigt.
/I	Die NTFS-Indexeinträge werden nicht geprüft, um einen schnelleren Durchlauf zu ermöglichen.
/C	Zyklen innerhalb der NTFS-Ordnerstruktur werden nicht berücksichtigt; um wie bei „/I" einen schnelleren Durchlauf zu ermöglichen.
/R	Auch fehlerhafte Sektoren werden überprüft, wobei CHKDSK versucht, Daten aus fehlerhaften Sektoren wiederherzustellen. In Verbindung mit dem Parameter „/F" können Sie beschädigte Daten eventuell wiederherstellen.
/X	Damit beenden Sie vorübergehend die Bereitstellung des Datenträgers in einem NTFS-Ordner. Eine automatische Prüfung ist somit über Stapelverarbeitungsdateien möglich.
/L:<Größe>	Mit diesem Parameter geben Sie die Größe der NTFS-Protokolldatei an.

Reparieren Sie die Systemdateien von Windows

Wenn wichtige Systemdateien von Windows 10 beschädigt werden, geht gar nichts mehr. Beim Hochfahren erscheinen Fehlermeldungen, wichtige Programme starten nicht mehr. Schuld sind defekte Systemdateien, die beispielsweise von anderen Programmen oder Tools beschädigt wurden. Die gute Nachricht: Die Systemdateien können Sie ganz schnell wiederherstellen.

So stellen Sie die Systemdateien wieder her

Die Systemdateien können Sie unter Windows 10 nur mit Administrator-Rechten in der Eingabeaufforderung wiederherstellen. Folgen Sie dazu der nachfolgenden Schritt-für-Schritt-Anleitung:

1. Drücken Sie die Tastenkombination <**WIN**>+<**X**>.

2. Wählen Sie den ❶ Eintrag **Eingabeaufforderung (Administrator)**.

Aktivieren Sie die Eingabeaufforderung mit erweiterten Rechten.

31

3. Geben Sie den ❷ Befehl **sfc /scannnow** ein und bestätigen Sie mit der Taste <**Return**>.

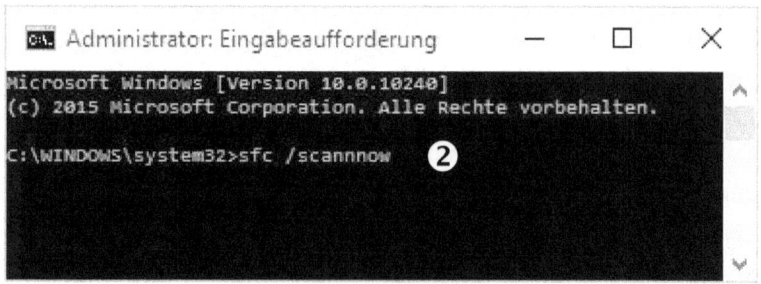

Starten Sie die Überprüfung der Systemdateien.

Lösen Sie Netzwerkprobleme

Bei den meisten Problemen im Zusammenhang mit Netzwerkverbindungen sollten Sie zunächst das in Windows integrierte Netzwerkdiagnoseprogramm starten, um die Ursache des Problems zu identifizieren.

So beseitigen Sie Verbindungs-Störungen mit der Netzwerkdiagnose

Um Störungen im Netzwerk zu beseitigen, folgen Sie der nachfolgenden Schritt-für-Schritt-Anleitung.

1. Drücken Sie die Tastenkombination <**WIN**>+<**X**> und wählen Sie den ❶ Eintrag **Systemsteuerung** aus.

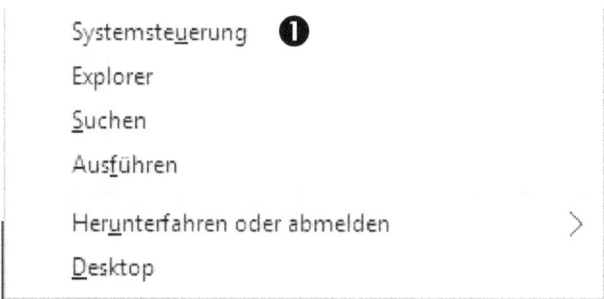

Aktivieren Sie die Systemsteuerung.

2. Wählen Sie unter Anzeige den Eintrag **Kategorie**.

3. Klicken Sie auf **System und Sicherheit – Sicherheit und Wartung**.

4. Wählen Sie den ❷ Link **Problembehandlung**.

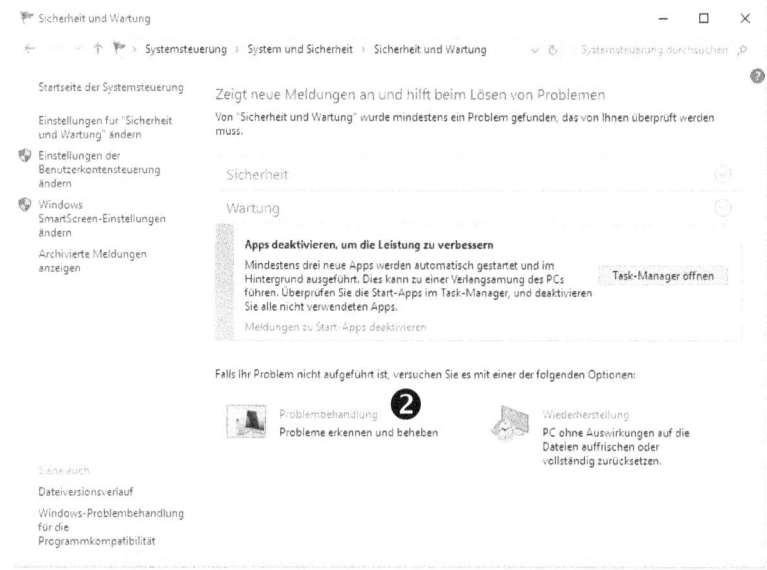

Lassen Sie Probleme automatisch erkennen und beheben.

5. Klicken Sie im folgenden Fenster unter **Netzwerk und Internet** auf den ❸ Link **Verbindung mit dem Internet herstellen**.

Mit der Netzwerkdiagnose finden Sie den Fehler schnell.

6. Klicken Sie im nächsten Fenster auf **Weiter**. Nun sammelt die Netzwerkdiagnose Konfigurationsinformationen und führt eine automatische Fehlerbehebung für die Netzwerkverbindung durch.

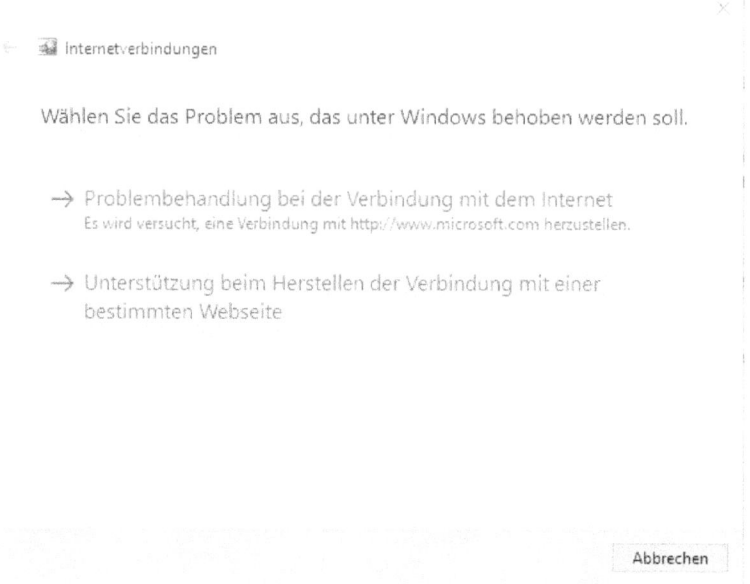

Folgen Sie dem Assistenten zur Lösung des Problems.

7. Sollte der Assistent keine Problemlösung anbieten, klicken Sie am Schluss des Dialogs, auf ❹ **Zusätzliche Optionen durchsuchen**.

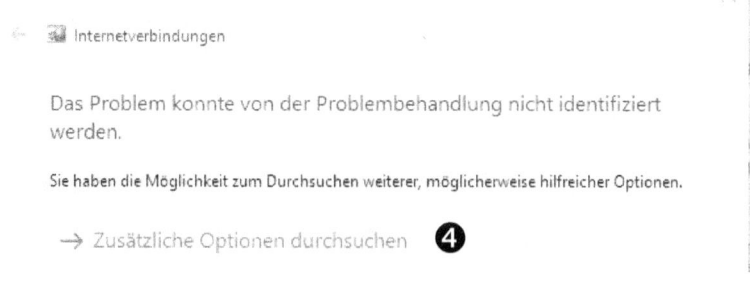

Lassen Sie sich weitere Optionen zur Lösung des Problems anzeigen.

Testen Sie verschiedenen Startoptionen

Wenn Sie beim Systemstart eine eindeutige Fehlermeldung erhalten, kennen Sie den Verursacher des Problems. Sofern dann der Start in den abgesicherten Modus noch möglich ist, können Sie die Systemstörung meist ganz einfach beheben. Oft reicht dazu schon die Aktualisierung eines Treibers.

Manchmal friert das System beim Start jedoch ein und Sie erhalten keine Anhaltspunkte über die Ursache. Dann müssen Sie zuerst herausfinden, wodurch der Fehler ausgelöst wurde. Führen Sie dazu verschiedene benutzerdefinierte Systemstarts mit dem Systemkonfigurations-Programm aus.

Setzen Sie das Systemkonfigurations-Programm ein

So führen Sie verschiedene benutzerdefinierte Systemstarts aus:

1. Drücken Sie die Tastenkombination <**WIN**>+<**R**>.

2. Geben Sie den ❶ Befehl **msconfig** ein und bestätigen Sie mit <**Return**>.

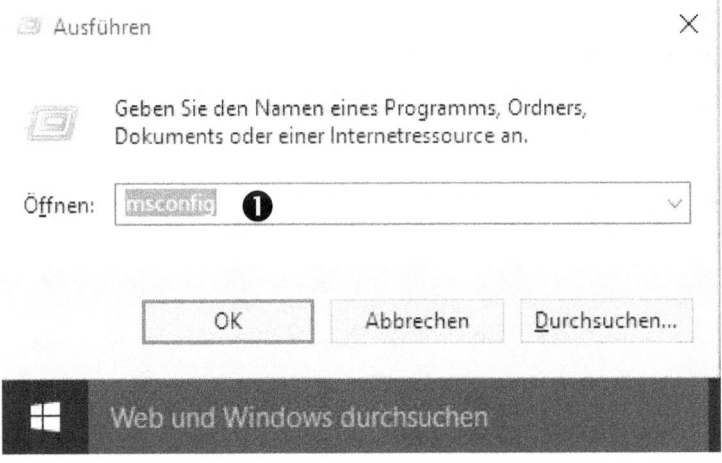

Starten Sie die Systemkonfiguration.

35

3. Aktivieren Sie auf dem ❷ Register **Allgemein** die ❸ Option
Benutzerdefinierter Systemstart und wählen Sie aus, was beim
Systemstart abgearbeitet werden soll.

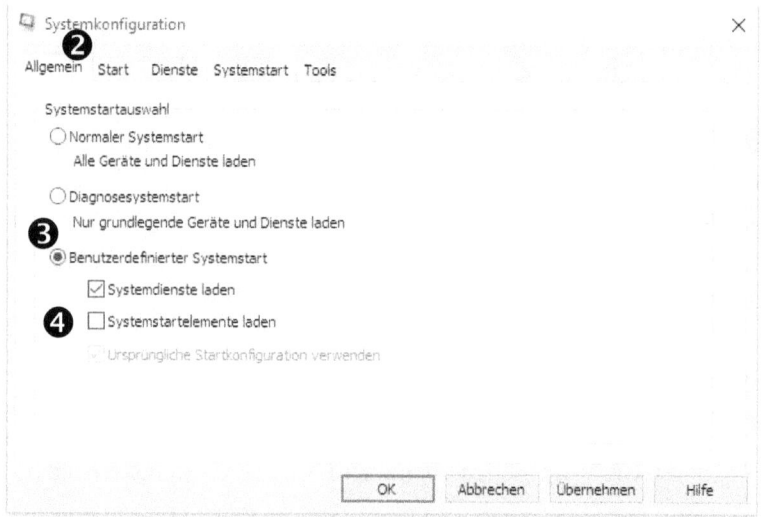

Bestimmen Sie, was beim Systemstart ausgeführt werden soll.

4. Wenn bei den anschließenden Schritten der Fehler ausgelöst
wird, wissen Sie, wo Sie suchen müssen. Tritt die Störung
beispielsweise nach der Deaktivierung der ❹ Option
Systemstartelemente laden auf, klicken Sie auf das Register
Systemstart und auf den Link **Task-Manager öffnen**.

5. Klicken Sie auf das Register **Autostart** und deaktivieren Sie
der Reihe nach die ❺ Programme, bis der Fehler nicht mehr
auftritt.

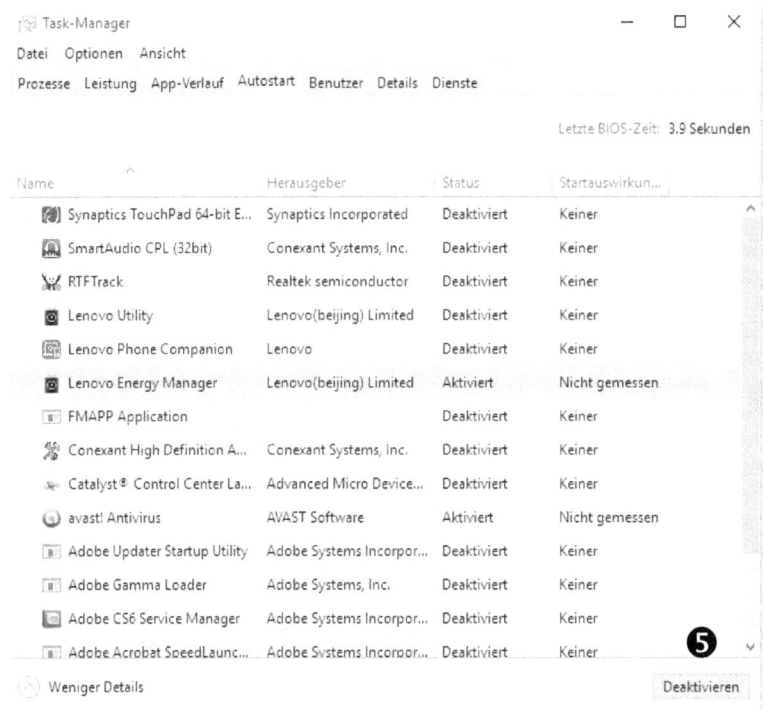

Schalten Sie unter Windows 10 die Autostart-Programme im Task-Manager ab.

Tipp! Programme, die Windows beim Start automatisch lädt, aber von Ihnen dann nicht genutzt werden, sind überflüssig und verlangsamen die Boot-Zeit beträchtlich. Schauen Sie sich die Liste doch einmal näher an und deaktivieren Sie die überflüssigen Programme. Anschließend wird Ihr System schneller starten.

6. Wenn Sie den Fehler beseitigt haben, aktivieren Sie wieder die ❻ Option **Normaler Systemstart.**

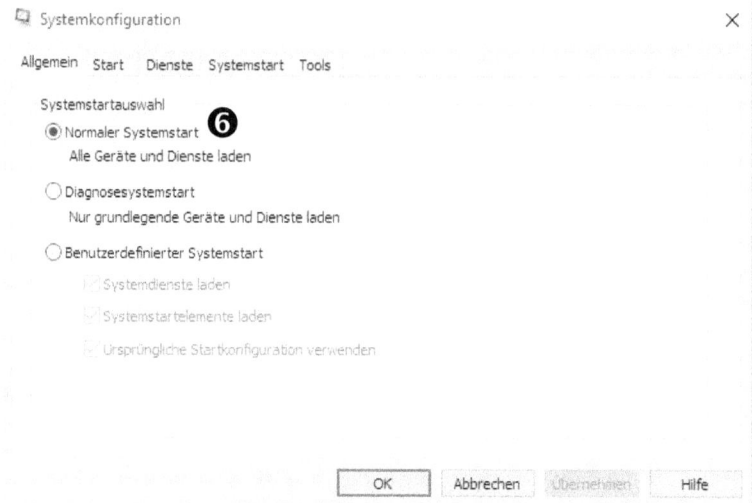

Lassen Sie Windows wieder normal starten.

Sichern Sie das System-Passwort und setzen Sie ein vergessenes Kennwort wieder zurück

Niemand ist davor sicher, ein wichtiges Kennwort plötzlich zu vergessen. Erstellen Sie deshalb ein Kennwortrücksetzmedium. Windows 10 besitzt dafür eine nützliche Funktion, die es Ihnen erlaubt, ein vergessenes Kennwort wiederherzustellen.

So sichern Sie das System-Passwort und stellen es im Notfall wieder her

Windows 10 beinhaltet eine bequeme Funktion, die es Ihnen erlaubt, Ihr Kennwort zu speichern und im Notfall wiederherzustellen:

1. Um das das System-Kennwort zu sichern, drücken Sie <**WIN**>+<**X**> und wählen aus dem Menü den Eintrag **Systemsteuerung**.

2. Geben Sie oben rechts im **Suchen**-Feld den ❶ Text **kennwort** ein.

3. Klicken Sie unter **Benutzerkonten** auf den ❷ Link
Kennwortrücksetzdiskette erstellen.

Hinweis: Für das Sichern brauchen Sie keine Diskette, die
Sicherung erfolgt auf jeden gewünschten Datenträger.

4. Folgen Sie dann den ❸ Anweisungen des Assistenten.

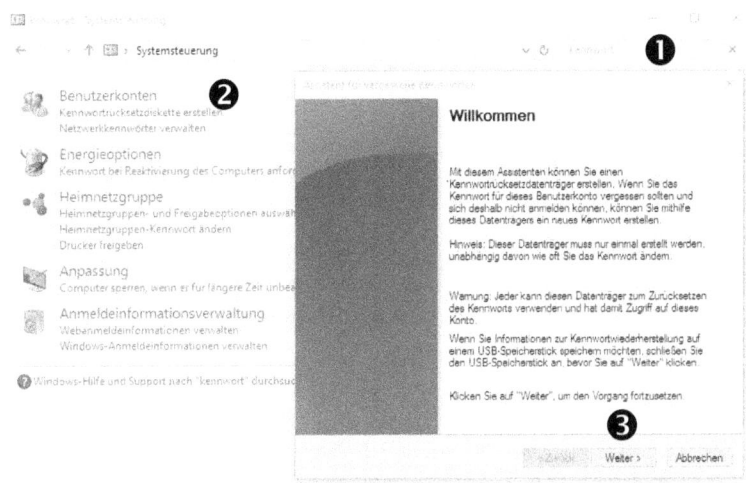

*Speichern Sie das System-Kennwort auf einen externen
Datenträger.*

Im Notfall setzen Sie das System-Passwort wie folgt zurück:
Wenn Sie bei der Anmeldung ein falsches Kennwort eingeben,
bekommen Sie einen entsprechenden Hinweis angezeigt.
Bestätigen Sie diesen mit einem Klick auf **OK**. Klicken dann auf
Kennwort zurücksetzen und legen Sie den
Kennwortrücksetzdatenträger ein. Den Rest erledigt wieder der
Assistent und hilft Ihnen ein neues Kennwort zu erstellen.

Tipp! Wie sicher Ihr Passwort ist, hängt in erster Linie von der
Länge ab. Wenn Sie ein zu kurzes oder zu einfaches Passwort
benutzen, machen Sie es Angreifern unnötig leicht, an Ihre Daten
heranzukommen. Leider beachten das die meisten Anwender

nicht. Nachfolgend finden Sie die zehn in Deutschland beliebtesten Passwörter.

- Platz Nr. 1: Einfache Zahlenkombinationen, wie 12345.

- Platz Nr. 2: Zahlenkombinationen, die an ein Produkt erinnern, wie 4711, 911, X5, A6.

- Platz Nr. 3: Das Wort Passwort selbst.

- Platz Nr. 4: Kosenamen wie Schatz.

- Platz Nr. 5: Das Wort Baby.

- Platz Nr. 6: Jahreszeiten wie Sommer und Winter.

- Platz Nr. 7: Das Wort Hallo.

- Platz Nr. 8: Namen von Großstädten, wie Berlin, Frankfurt oder München.

- Platz Nr. 9: Der eigenen Vornamen.

- Platz Nr. 10: Der Vorname der Frau/Freundin.

So generieren Sie ein sicheres Passwort

Die Passwortlänge sollten mindestens 8 Zeichen, besser 12 betragen. Sie sollten sämtliche Wörter vermeiden um so genannte lexikalische Angriffe zu erschweren. Bei diesen Angriffen werden einfach alle Einträge eines Wörterbuchs ausprobiert, bis das richtige gefunden wird.

Am Einfachsten können Sie sich lange Passwörter merken, in dem Sie diese aus den Anfangsbuchstaben eines Liedtextes oder Satzes aufbauen und ein paar Buchstaben verfremden. Dies kann so aussehen:

- Alle meine Entchen schwimmen auf dem See, schwimmen auf dem See,

- Das einfache Passwort wäre dann: AmEsadSsadS,

- Groß- und Kleinschreibung haben Sie schon, nun sollten Sie noch Zahlen und Sonderzeichen einbauen. Ein S lässt sich gut durch ein $ ersetzen, ein I durch !, ein E durch €: Am€$5dSad$,

- Dieses eigentlich komplizierte und sichere Passwort können Sie sich anhand des Kinderliedes gut merken.

Analysieren und beseitigen Sie Systemstörungen mit der Ereignisanzeige

Wenn Windows lange braucht, bis es vollständig gestartet ist, kann das verschiedene Gründe haben. Auf jeden Fall sollten Sie prüfen, ob es irgendwelche Probleme beim Systemstart gibt.

Setzen Sie die Ereignisanzeige zur Fehlersuche ein

Dazu gibt es mit der Ereignisanzeige ein praktisches Diagnose-Tool, das Sie unter Windows 10 wie folgt aktivieren:

1. Drücken Sie die Tastenkombination **<WIN>+<X>** und wählen den Eintrag **Systemsteuerung**.

2. Wählen Sie **System und Sicherheit – Verwaltung** und doppelklicken Sie auf den ❶ Eintrag **Ereignisanzeige**.

Tipp! Alternativ können Sie die Ereignisanzeige durch die Tastenkombination **<WIN>+<R>** und der Eingabe von **eventvwr.msc <Return>** starten.

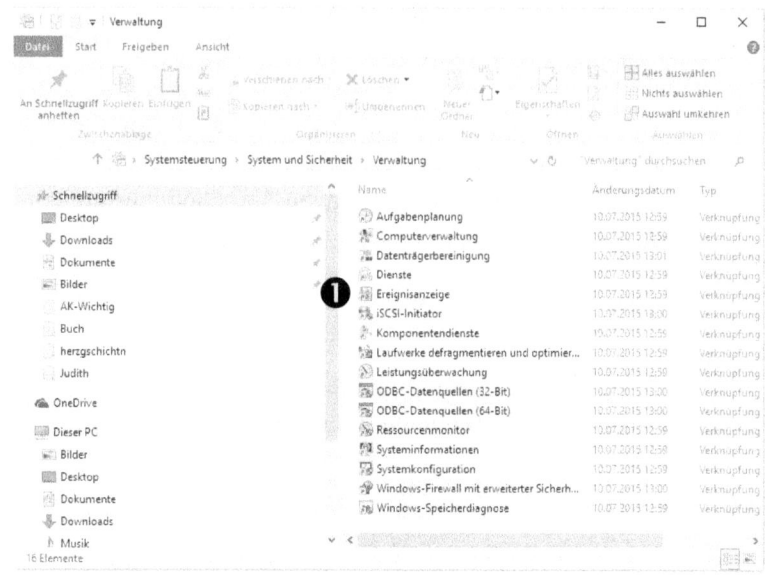

Aktivieren Sie das Logbuch von Windows.

3. Wählen Sie im linken Fenster unter **Windows-Protokolle** aus, welche ❷ Ereignisse angezeigt werden sollen. In den Windows-Protokollen werden Ereignisse von Anwendungen sowie Ereignisse, die das gesamte System oder die Sicherheit betreffen, gespeichert.

- **Anwendung**: Das Anwendungsprotokoll registriert alle Ereignisse, die von Programmen und Tools ausgelöst werden. Zu einem Datenbankprogramm könnte hier beispielsweise ein Dateifehler aufgezeichnet sein. Die Entwickler des jeweiligen Programms entscheiden, welche Ereignisse protokolliert werden.

- **Sicherheit**: Das Sicherheitsprotokoll speichert sicherheitsrelevante Ereignisse. Dazu gehören erfolgreiche oder fehlgeschlagene Anmeldungen.

- **Installation**: Hier finden Sie alle Ereignisse, die beim Einrichten von Hard- und Software ausgelöst wurden.

- **System**: Im Systemprotokoll finden Sie Ereignisse, die von den Windows-Systemkomponenten protokolliert wurden. Hier werden beispielsweise Fehler beim Laden eines Gerätetreibers oder Startfehler im Zusammenhang mit anderen Systemkomponenten aufgezeichnet. Die von den Komponenten aufgezeichneten Ereignistypen sind durch Windows vordefiniert.

4. Um detailliertere Informationen zu einem Eintrag zu erhalten, doppelklicken Sie im rechten Fensterteil auf das betreffende ❸ Ereignis.

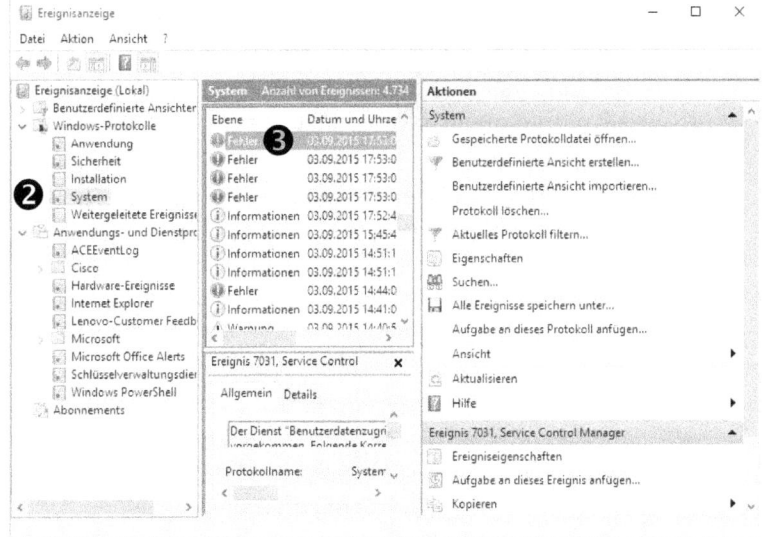

Die Ereignisanzeige von Windows 10.

5. Anschließend werden Ihnen ❹ in einem separaten Fenster genauere Hinweise zu dem jeweiligen Ereignis angezeigt.

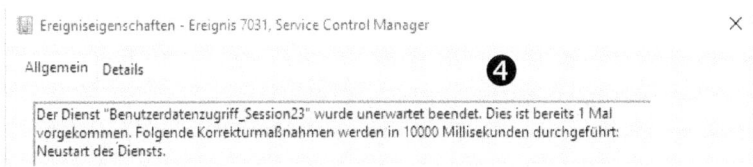

Lassen Sie sich detaillierte Informationen zum Ereignis anzeigen.

43

6. Im rechten Fensterteil finden Sie die ❺ Spalte **Ebene**. Hier werden folgende Ereignistypen unterschieden:

- **Fehler**: Ein Fehler wird protokolliert, wenn ein signifikantes Problem aufgetreten ist. Das ist beispielsweise der Fall, wenn ein Dienst beim Systemstart nicht geladen werden kann, ein Programm nicht startet oder unerwartet beendet wird.
- **Warnung**: Eine Warnung meldet ein möglicherweise unbedeutendes Ereignis, das aber auf ein potenzielles Problem hinweist. Eine Warnung wird z. B. protokolliert, wenn nur noch wenig freier Festplattenspeicher zur Verfügung steht, Zeitlimits überschritten werden, Fehler im Ereignissystem erkannt wurden, Komponenten fehlen oder Konfigurationsinformationen widersprüchlich sind.
- **Information**: Eine Information begleitet ein Ereignis wie z. B. den Start, das Beenden oder die erfolgreiche Ausführung einer Anwendung, eines Treibers oder eines Dienstes. Teilweise werden dabei auch die verwendeten Startparameter angegeben. Das erfolgreiche Laden eines Netzwerktreibers beispielsweise wird als Information protokolliert.

Tipp! Sie können sich die Ereignisse auch sortieren lassen. Klicken Sie beispielsweise auf **Ebene**, um sich am Anfang der Liste alle Fehler anzeigen zu lassen. Wenn Sie auf ❻ **Quelle** klicken, werden Ihnen die Ereignisse nach dem Auslöser sortiert aufgelistet.

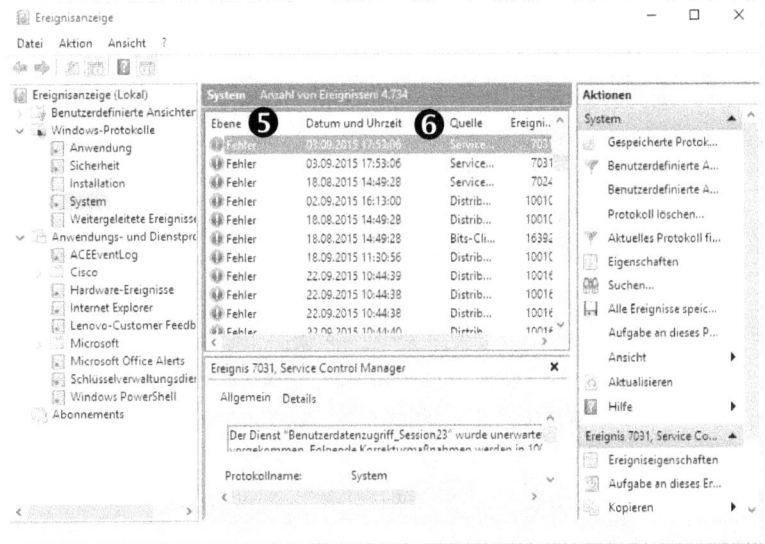

Sortieren Sie die angezeigten Ereignisse.

So kommen Sie über die Ereigniseigenschaften dem Fehler auf die Spur

Um weitere Informationen zu einer Meldung zu erhalten, doppelklicken Sie erwähntermaßen im rechten Fensterteil auf das betreffende Ereignis. Anschließend werden Ihnen die ❶ Ereigniseigenschaften angezeigt.

In der folgenden Tabelle finden Sie die häufigsten Ereigniseigenschaften.

- **Fehlermeldung**: Hier wird Ihnen die ❷ Fehlermeldung angezeigt. Für eine erste Fehleranalyse sollten Sie die angezeigte Meldung oder einen aussagefähigen Teil davon kopieren und danach in einem Suchdienst wie www.google.de recherchieren.

- **Quelle**: Die ❸ Software, die das Ereignis protokolliert hat. Hierbei kann es sich um den Namen einer

45

Anwendung handeln, wie SQL Server, oder um eine
Komponente des Systems bzw. eines Treibers.

- **Ereignis-ID**: ❹ Eine Zahl, die den jeweiligen
  Ereignistyp angibt.
- **Ebene**: Eine Einteilung auf der Grundlage der
  Wichtigkeit des Ereignisses: ❺ Kritisch, Fehler,
  Warnung und Information.
- **Protokolliert**: Das lokale ❻ Datum und die Uhrzeit,
  wann das Ereignis aufgetreten ist.
- **Schlüsselwörter**: Eine Reihe von ❼ Kategorien oder
  Tags, die Sie zum Filtern oder Suchen von Ereignissen
  verwenden können.
- **Computer**: Der ❽ Name des PCs, auf dem das Ereignis
  eingetreten ist.

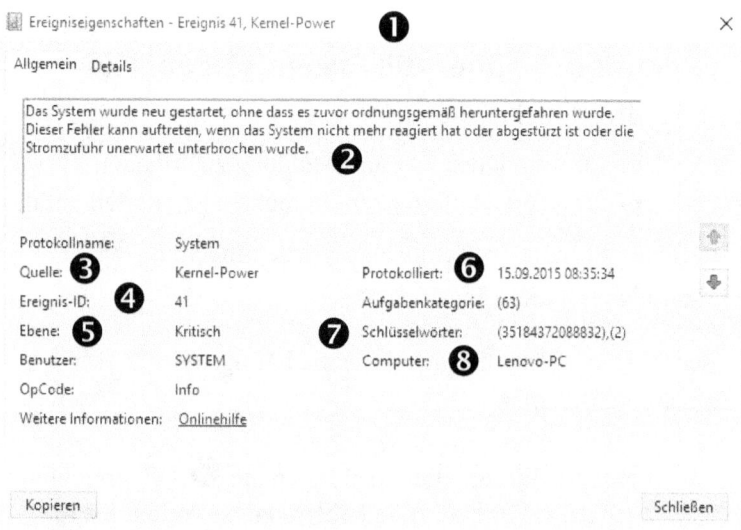

*Beachten Sie zur Fehleranalyse die Informationen aus den
Ereigniseigenschaften.*

Verwenden Sie die Ereigniskennung als Schlüssel zur Fehlerbeseitigung

Konnten Sie durch Internetrecherchen den Fehler nicht identifizieren, versuchen Sie, die Systemstörung über die Ereignis-ID zu analysieren. Zu jedem Eintrag im Fehlerprotokoll gibt es eine Ereignis-ID (siehe weiter oben Punkt ❹).

1. Sie können nach dieser Ereignis-ID in der Microsoft Knowledge base suchen. Geben Sie den Text ❺ **Ereignis-ID** mit der dazugehörenden Nummer in das Suchfeld ein und klicken Sie auf die **Suchen**-Schaltfläche.

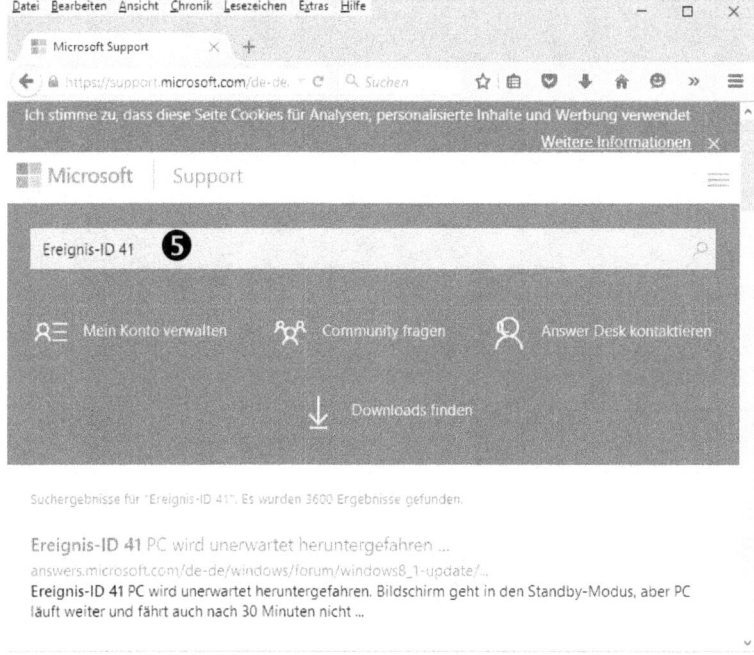

Suchen Sie unter www.microsoft.de nach Informationen zu der angezeigten Ereignis-ID.

2. Alternativ verwenden Sie die von der Firma Altair bereitgestellte Internetseite www.eventid.net.

3. Geben Sie dort die Ereignis-ID in das Feld ❻ **Event ID** ein und klicken Sie auf **Search**.

4. Wollen Sie zusätzlich zur Ereignis-ID auch noch nach der Quelle suchen (siehe weiter oben Punkt ❸), geben Sie hier unter ❼ **Event-Source** die Fehlerquelle ein, so wie Sie im Protokoll genannt wurde.

5. Die Datenbank wird dann durchsucht und Ihnen werden alle zur Kennung gemeldeten ❽ Ergebnisse angezeigt.

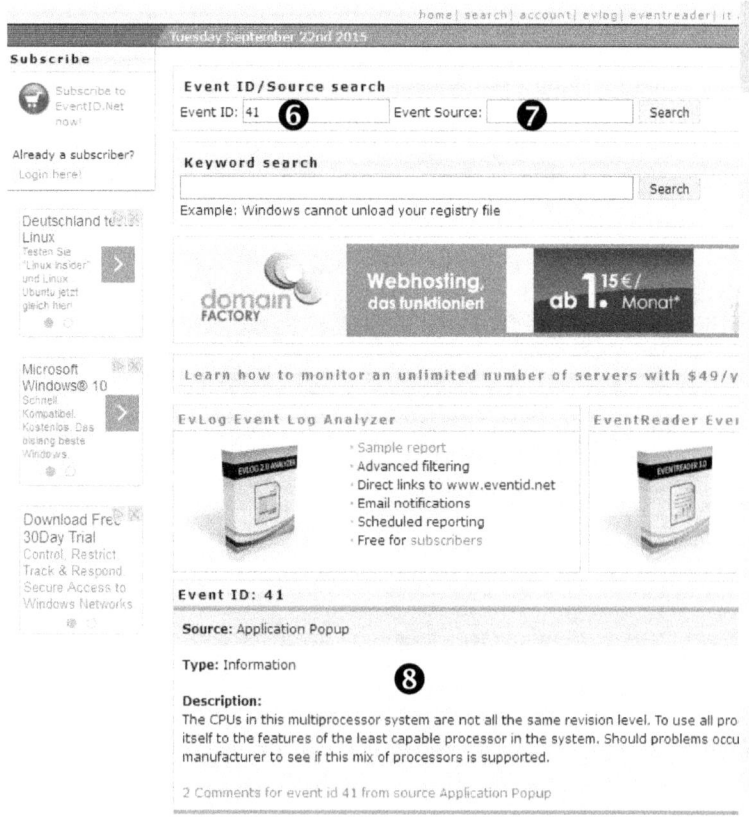

Hier finden Sie viele Informationen über die Ereigniskennung – leider nur in englischer Sprache.

Schaffen Sie mehr Schutz durch aktuelle Sicherheitspatches

In regelmäßigen Abständen veröffentlicht Microsoft neue Treiber, Systemerweiterungen, Bugfixes und Security-Patches, die Sie über das Windows-Update automatisch installieren können. Diese Updates sind wichtig. Installieren Sie diese, um Ihr Windows immer auf dem aktuellsten Stand zu halten und um Sicherheitslücken zu schließen.

Setzen Sie die Windows Update-Funktion ein

Das Windows-Update ist eine in Windows integrierte Funktion, um die neusten Updates für Windows und andere Microsoft-Produkte für Sie automatisiert zur Verfügung zu stellen.

1. Um die Einstellungen für das Windows 10-Update zu konfigurieren, klicken Sie auf **Start – Einstellungen – ❶ Update und Sicherheit**.

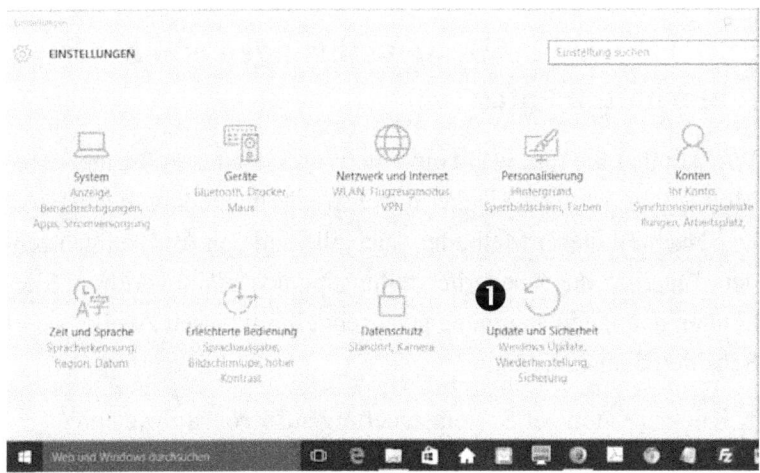

Aktivieren Sie die Einstellungen von Windows 10.

2. Klicken Sie im linken Bereich auf den Link **Windows Update** und im rechten Teil auf **Erweiterte Optionen**.

3. Wenn Sie sich um die Updates gar nicht kümmern wollen, wählen Sie die ❷ Option **Automatisch (empfohlen)**. Damit werden neue Updates automatisch herunter geladen und installiert.

Halten Sie Ihr System automatisch auf dem neuesten Stand.

Entfernen Sie bei Systemstörungen einen fehlerhaften Patch

Was können Sie tun, wenn ein Patch Ihr System stört? Eine Möglichkeit ist, dass Sie die Systemwiederherstellung benutzen. Der Nachteil dieser Methode: Auch alle anderen Änderungen seit dem Erstellen des Wiederherstellungspunkts gehen verloren. Sie können den Patch aber auch ganz schnell mit diesen zwei Schritten deinstallieren:

1. Klicken Sie in der Systemsteuerung auf **Programme** und wählen den Link **Programme und Features**.

2. Klicken Sie anschließend auf den ❸ Link **Installierte Updates anzeigen**.

Windows 10 – Fehlerlösungen

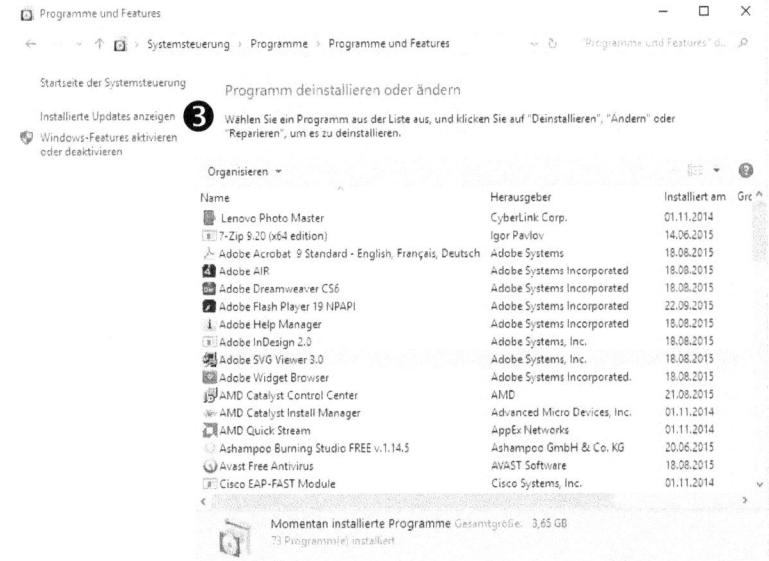

*Anwendungen und Updates entfernen Sie über Programme und
Features.*

3. An oberster Stelle in der angezeigten Liste finden Sie den ❹
zuletzt installieren Patch.

4. Klicken Sie auf das entsprechende Update und anschließend
auf ❺ **Deinstallieren**.

*Hier werden Ihnen die installierten Patches und Updates
angezeigt.*

Windows 10 – Fehlerlösungen

Tipp! Die Patches sind mit einer ❻ KB-Nummer

gekennzeichnet. Mit dieser Nummer können Sie im ❼ Support-

Center von Microsoft nach weiteren Hinweisen und

Problemlösungen zu diesem Patch suchen. Sie finden Microsofts

Datenbank für Problemlösungen hier:

https://support.microsoft.com/de-de

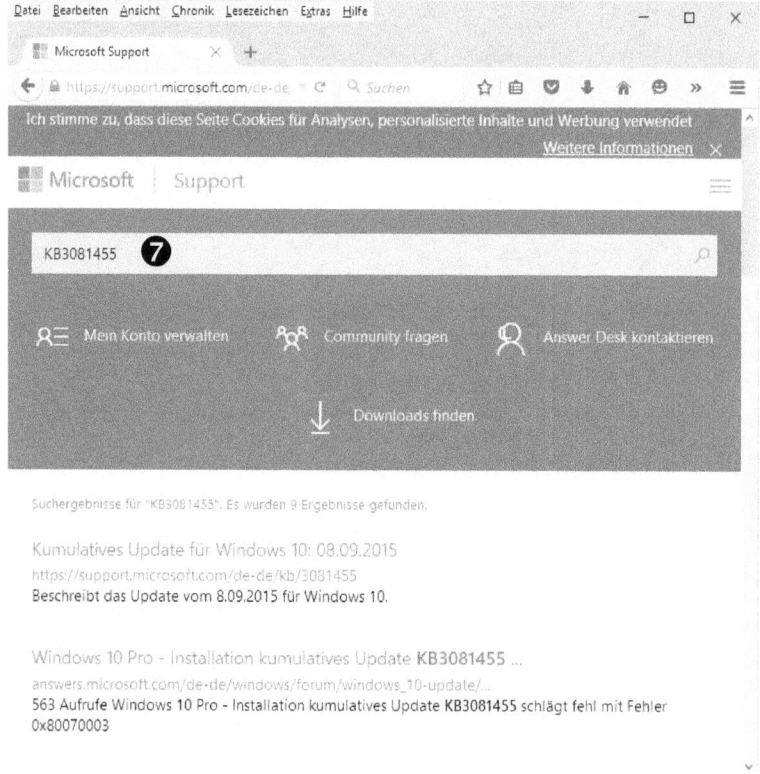

Lassen Sie sich weitere Infos zum Patch bzw. Update anzeigen.

Hinweis: Setzen Sie bei Update-Problemen zusätzlich die von

Microsoft zur Verfügung gestellte Diagnose mit der

automatischen Problembehandlung ein:

http://go.microsoft.com/fwlink/?linkid=260622.

Spüren Sie Programme mit geheimem Internet-Zugriff auf

Viele Programme nehmen heimlich Verbindung zum Internet auf. Wollen Sie überprüfen, welche Programme auf Ihrem PC derzeit auf das Internet zugreifen, gehen Sie folgendermaßen vor:

1. Drücken Sie die Tastenkombination <**WIN**>+<**R**> und geben Sie den Befehl **cmd** ein. Bestätigen Sie diesen mit <**Return**>.

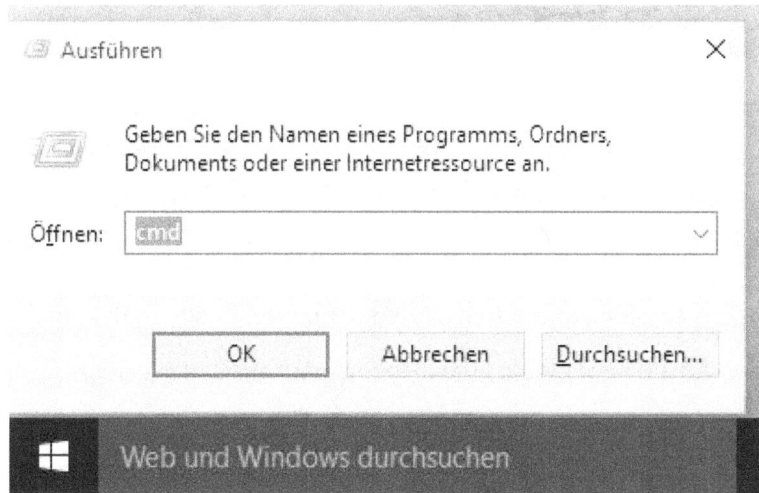

Wechseln Sie auf die Kommandozeilenebene.

2. In der Kommandozeile geben Sie den ❶ Befehl **netstat -o** <**Return**> ein. Sie sehen nun eine Auflistung aller aktuellen Verbindungen.

3. Notieren Sie sich die ❷ PID-Nummern (Process-Identification) der Prozesse, die Sie interessieren.

Windows 10 – Fehlerlösungen

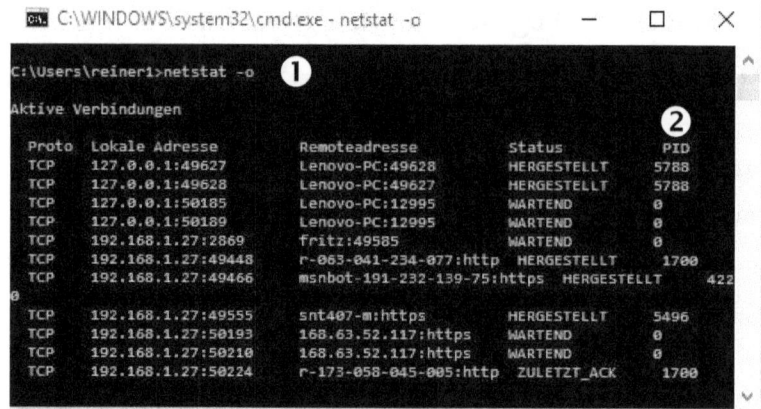

Lassen Sie sich die aktuellen Internetverbindungen anzeigen.

4. Aktivieren Sie den Task-Managermit mit der Tastenkombination **<Strg>**+**<Alt>**+**<Entf>** und einem Klick auf den Link **Task-Manager**.

5. Klicken Sie auf das Register ❸ **Prozesse**. In der Spalte mit den ❹ PID-Nummern erkennen Sie nun anhand der vorher notierten PIDs, um welchen Prozess es sich handelt.

Identifizieren Sie den Prozess über seine eindeutige PID (Process-Identification).

6. Sollte der Eintrag **PID** im Task-Manager fehlen, klicken Sie mit der rechten Maustaste in die obige Spaltenzeile. Klicken Sie beispielsweise neben den Eintrag **CPU** und aktivieren Sie den ❺ Eintrag **PID** im Kontextmenü.

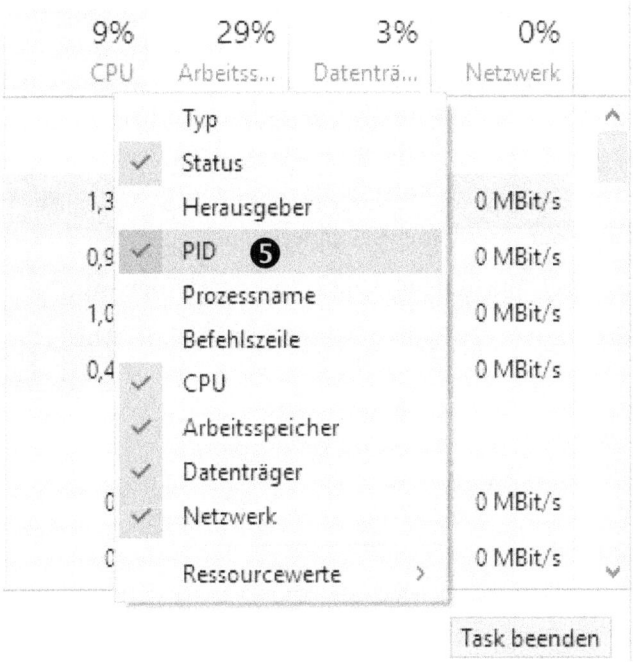

Fügen Sie eine neue Spalte im Task-Manager ein.

Ordnen Sie Ihren Dateien das Standard-Programm zu

Dateien werden in Ordnern auf der Festplatte abgelegt. Die Bezeichnung einer Datei besteht aus zwei Teilen: Dem Dateinamen und dem Dateisuffix (eine Kennung, bestehend aus drei Buchstaben, die mit einem Punkt vom Dateinamen getrennt ist). Anhand des Dateityps erfolgt die Zuordnung zu den entsprechenden Programmen. Wenn Sie beispielsweise im Windows-Explorer eine Datei doppelt anklicken, wird diese mit dem zugeordneten Programm sofort geöffnet.

Passen Sie die Zuordnung einer Dateierweiterung an

Doch nach einem Programmwechsel kann sich die Zuordnung einer Dateierweiterung von einem Programm auf ein anderes ändern. Oder Sie erhalten gleich eine Fehlermeldung, dass für diese Datei kein passendes Programm gefunden wurde. Wenn eine Datei nicht mehr mit dem gewünschten Programm geöffnet wird, müssen Sie die fehlerhafte Dateizuordnung selber korrigieren:

1. Klicken Sie im Windows-Explorer mit der rechten Maustaste auf die Datei, deren Zuordnung Sie ändern möchten.

2. Wählen Sie im Kontextmenü den **(1)** Eintrag **Öffnen mit**.

3. Klicken Sie auf den **(2)** Eintrag **Andere App auswählen**.

Aktivieren Sie die Dateitypzuordnung über das Kontextmenü.

4. Markieren Sie in der Auswahl die gewünschte ❸ Anwendung.

5. Soll die Datei fortan immer mit diesem Programm geöffnet werden, aktivieren Sie die ❹ Option **Immer diese App zum Öffnen verwenden** und bestätigen Sie mit einem Klick auf **OK**.

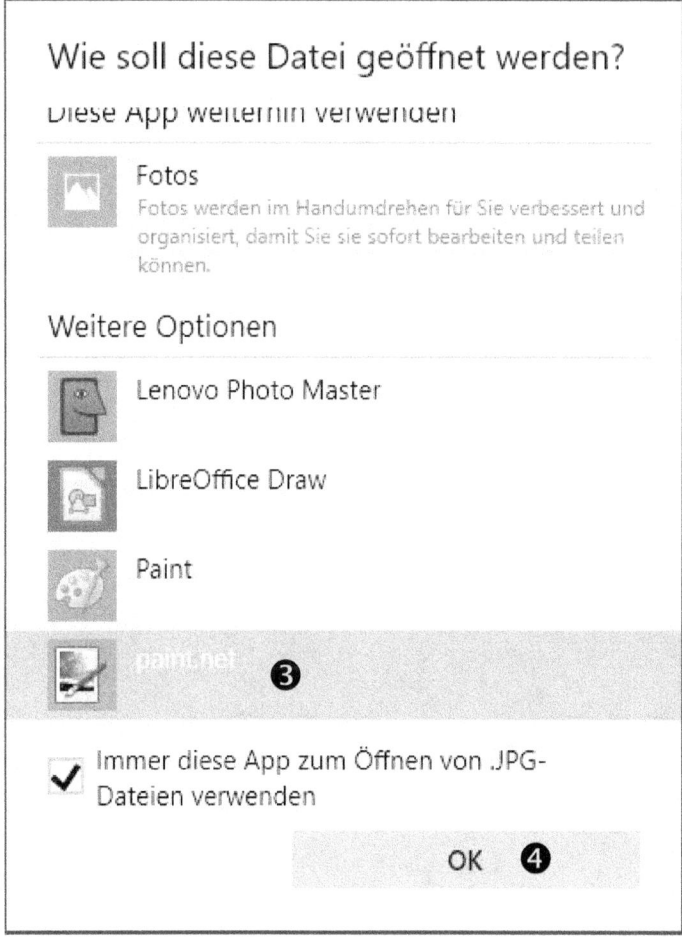

So ändern Sie die Dateitypzuordnung für Ihre Programme.

Analysieren Sie die Ursache von langen Startzeiten

Wenn der Systemstart sehr lange dauert, liegt das meist an Autostart-Programmen. Diese tragen sich meist ungefragt in den Autostart-Ordner ein und werden so bei jedem Systemstart automatisch in den Arbeitsspeicher geladen.

Schalten Sie die Autostart-Programme ab

Mithilfe der Systemkonfiguration können Sie sich die Autostart-Programme anzeigen lassen und deaktivieren.

1. Aktivieren Sie den Task-Manager mit <**Strg**>+<**Alt**>+<**Entf**> und klicken Sie auf das ❶ Register **Autostart**.

2. Wählen Sie überflüssige Programme einzeln aus und klicken Sie auf die ❷ Schaltfläche **Deaktivieren**.

Hinweis: Sicherheitsrelevante Programme wie der Virenscanner aktivieren sich beim nächsten Start sowieso automatisch.

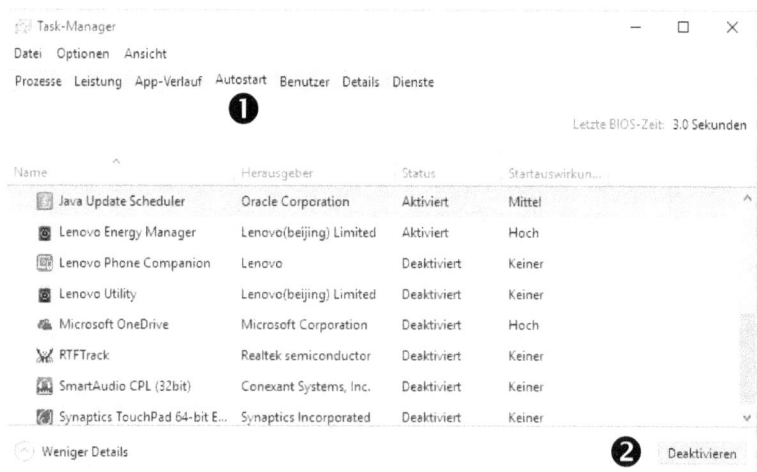

Deaktivieren Sie bei einem langen Systemstart die Autostart-Programme.

3. Führen Sie einen Neustart durch, um die Autostart-Programme aus dem Speicher zu entfernen.

Sollte der Systemstart jetzt immer noch sehr lange dauern, können Sie die Startzeiten einzelner Anwendungen analysieren. Setzen Sie dazu die Ereignisanzeige ein:

1. Aktivieren Sie die Ereignisanzeige durch die Tastenkombination **<WIN>+<R>** und der Eingabe von **eventvwr.msc <Return>**.

2. Wechseln Sie zum ❸ Eintrag **Anwendungs- und Dienstprotokolle – Microsoft – Windows – Diagnostics-Performance – Betriebsbereit**.

3. Einträge mit der ❹ Anmerkung **Kritisch** oder solche mit Fehler-IDs ab dem Wert 101 sollten Sie genauer untersuchen, da diese auf Systemstörungen hindeuten.

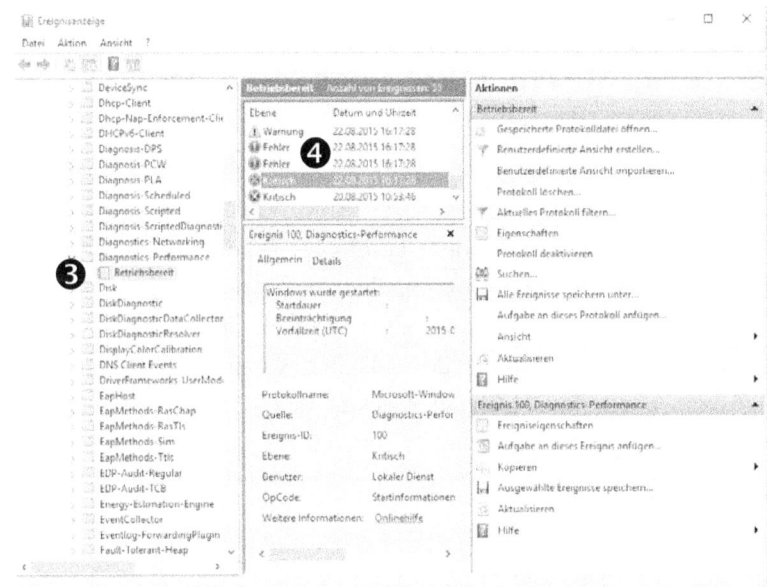

Aktivieren Sie das Logbuch von Windows 10.

4. Um sich näherer ❺ Informationen zu einem Eintrag anzeigen zu lassen, doppelklicken Sie darauf.

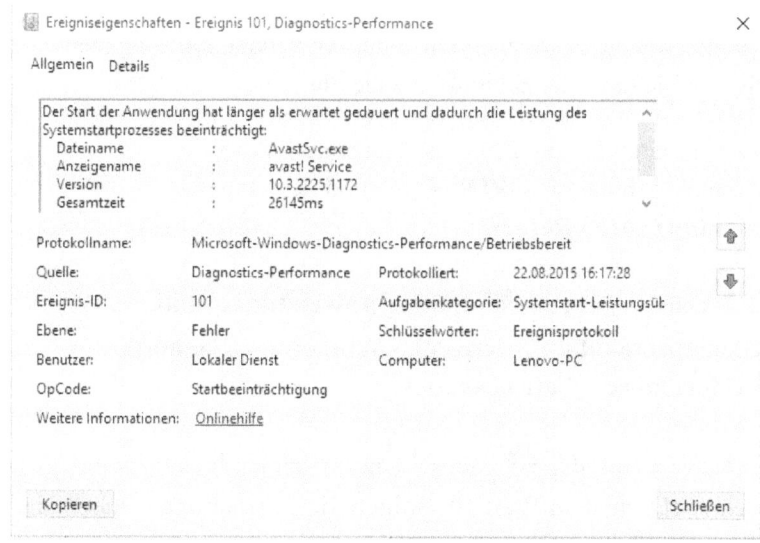

Lassen Sie sich Hinweise zum Fehler anzeigen.

Erstellen Sie einen Rettungsdatenträger

Windows 10 bietet für den Notfall zahlreiche Wiederherstellungsfunktionen. Diese können Sie aber nur bei einem laufenden System aktivieren. Sollte das System nicht mehr starten, benötigen Sie die Installations-DVD von Windows 10. Auf dieser finden Sie professionellen Analyse- und Wiederherstellungsoptionen. Legen Sie dazu einfach die Installations-DVD von Windows-10 in das Laufwerk und starten Sie das System neu. Nach der Auswahl der Sprache, wählen Sie statt der Installation den Punkt **Computerreparaturoptionen** und **Problembehandlung**.

Sollten Sie die Installations-DVD von Windows 10 nicht griffbereit in Ihrer Nähe haben, können Sie sich auch einen startfähigen USB-Stick oder eine CD mit den

Wiederherstellungsfunktionen von Windows 10 erstellen. Das ist mit wenigen Mausklicks erledigt:

1. Drücken Sie die Tastenkombination **<WIN>+<X>** und wählen Sie den Eintrag **Systemsteuerung**.

2. Geben Sie in das Suchfeld den ❶ Text **wiederher** ein.

3. Klicken Sie auf den ❷ Link **Wiederherstellungslaufwerk erstellen** und auf **Weiter**.

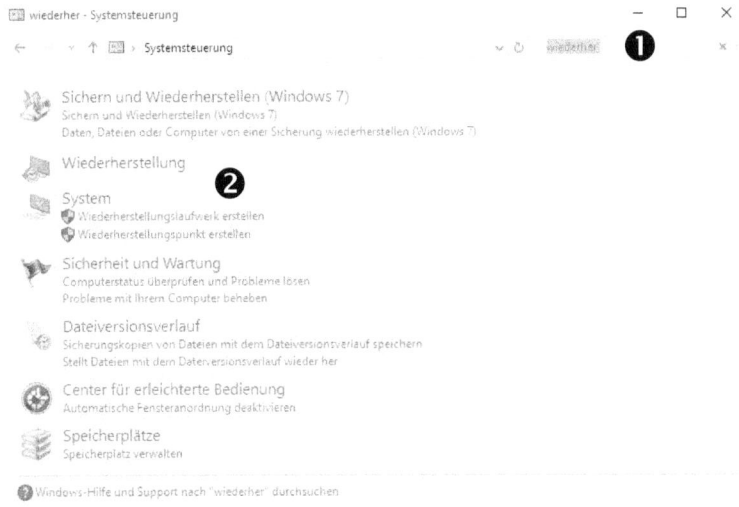

Legen Sie für den Notfall einen Rettungsdatenträger an.

4. Stecken Sie einen USB-Stick mit einer Größe von mindestens 256 MB ein. **Vorsicht:** Alle Daten auf dem Stick werden gelöscht. Alternativ können Sie auch eine CD brennen, klicken Sie dazu auf den Link **Systemreparaturdatenträger stattdessen mit einer CD oder DVD erstellen**.

5. Bestätigen Sie dann mit einem Klick auf **Erstellen** und **Fertig stellen**.

Beseitigen Sie Probleme mit Geräten

Bei Problemen mit Hardwarebauteilen sollten Sie die Anschlüsse kontrollieren und den neuesten Treiber installieren. Zusätzlich können Sie wie nachfolgend beschrieben, die Problembehandlung von Windows 10 einsetzen:

1. Drücken Sie <**WIN**>+<**X**> und wählen Sie den Eintrag **Systemsteuerung**.

2. Geben Sie in das Suchfeld den ❶ Text **Hardware** ein und klicken Sie auf den ❷ Link **Probleme mit Geräten erkennen und beheben**.

3. Klicken Sie auf die ❸ Schaltfläche **Weiter** und folgen Sie ggf. den Anweisungen des Assistenten. In den meisten Fällen erkennt die Problembehandlung defekte Geräte automatisch und stellt diese wieder her. Bei mechanischen Schäden, hilft natürlich nur der Austausch des betreffenden Geräts.

So beseitigen Sie Störungen bei Geräten.

Tipp! Die Problembehandlung können Sie natürlich nicht nur bei Hardware-Problemen einsetzen, diese hilft Ihnen auch bei System- oder Internet-Störungen.

Setzen Sie bei Systemstörungen die Problembehandlung ein

Die Problembehandlung in der Systemsteuerung enthält verschiedene Reparaturprogramme, mit denen einige häufige Fehler im System automatisch behoben werden können, beispielsweise Störungen bei Netzwerken, Hardware und Geräten, beim Verwenden des Internets und bei der Programmkompatibilität.

Lassen Sie sich bei der Fehlerbehebung unterstützen

Um die Problembehandlung zu aktivieren, gehen Sie wie folgt vor:

1. Aktivieren Sie die Systemsteuerung und wählen Sie unter **Anzeige** den ❶ Eintrag **Große Symbole** aus.

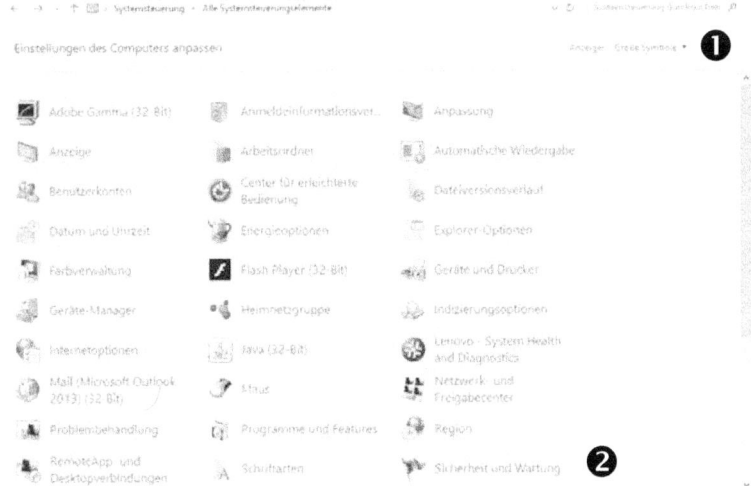

Drücken Sie <WIN>+<X> und wählen Sie den Eintrag **Systemsteuerung**.

2. Klicken Sie auf ❷ **Sicherheit und Wartung** und anschließend im unteren Bereich auf den ❸ Link **Problembehandlung**.

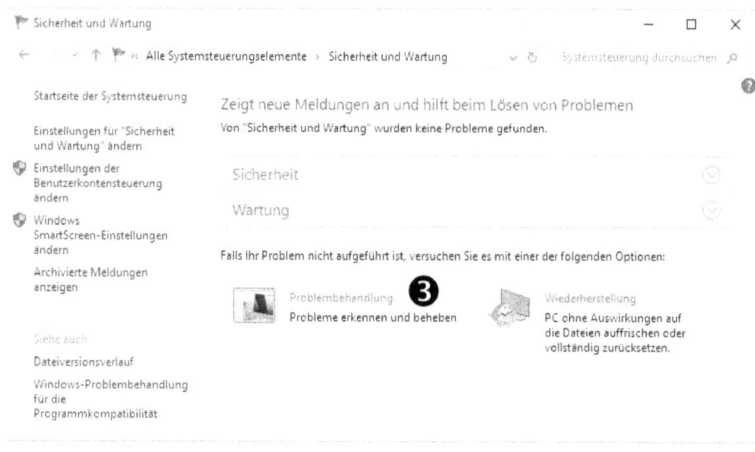

Aktivieren Sie zur Beseitigung der Störung die Problembehandlung.

3. Wählen Sie den ❹ Bereich und anschließend die passende Lösung aus.

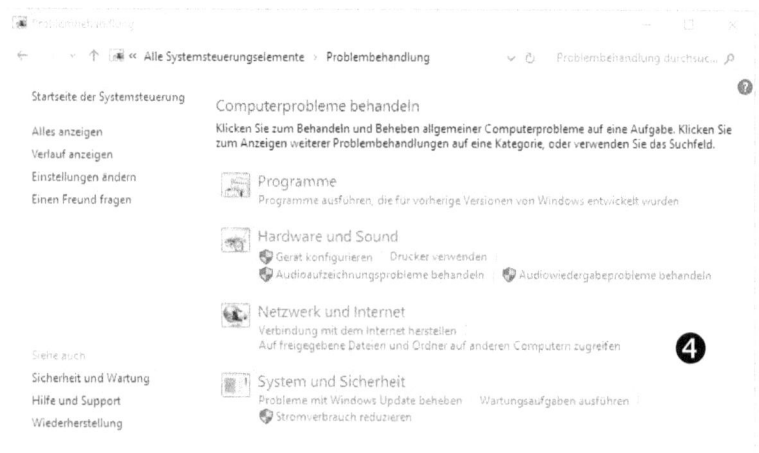

So lösen Sie System-Störungen mit der Problembehandlung.

4. Starten Sie die Problembehandlung mit einem Klick auf **Weiter**. Alles Weitere läuft automatisch ab. Folgen Sie einfach den Anweisungen des Assistenten.

5. Beim Ausführen einer Problembehandlung müssen Sie meist ein paar Fragen beantworten oder allgemeine Einstellungen zurücksetzen, während das Problem behoben wird.

6. Kann der Fehler nicht behoben werden, wählen Sie unter den angezeigten Optionen. Sie erhalten dann online weitere Informationen zur Problembehandlung angezeigt.

Tipp! Klicken Sie auf den Link **Erweitert** in einer Problembehandlung und deaktivieren die ❺ Option **Reparaturen automatisch anwenden**. Anschließend wird Ihnen zu Ihrem Problem eine Liste der Korrekturen zur Auswahl angezeigt.

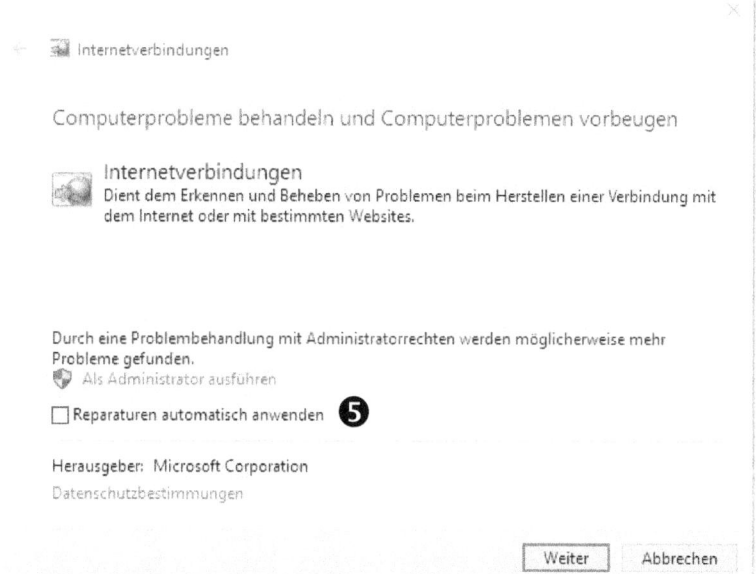

Lassen Sie sich nach einem Klick auf **Weiter***, alle Problemlösungen anzeigen.*

Lassen Sie sich fehlerhafte Tools und Programme anzeigen

Wenn Software-Installationen fehlschlagen oder Programme abstürzen, werden diese Ereignisse unter Windows 10 protokolliert. Dank der Zuverlässigkeitsüberwachung können Sie die Programme lokalisieren, die für Fehler oder Abstürze des Systems verantwortlich bzw. an diesen beteiligt waren.

Werten Sie das Protokoll der Zuverlässigkeitsüberwachung aus

Mit der Zuverlässigkeitsüberwachung kommen Sie System-Störungen schnell auf die Spur. Gehen Sie dazu folgendermaßen vor:

1. Aktivieren Sie die Systemsteuerung und wählen Sie unter **Anzeige** den Eintrag **Große Symbole** aus.

2. Klicken Sie auf den Link **Sicherheit und Wartung**.

3. Erweitern Sie den Bereich **Wartung** durch einen Klick auf die Schaltfläche mit dem Pfeil nach unten und klicken Sie auf ❶ **Zuverlässigkeitsverlauf anzeigen**.

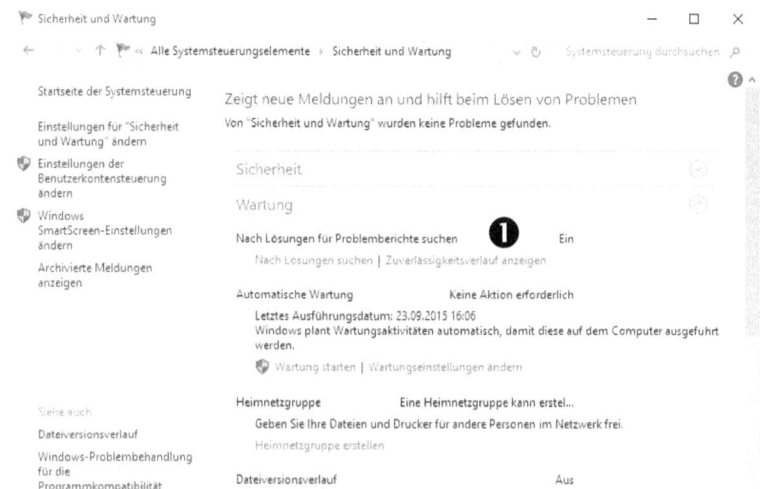

Kontrollieren Sie bei Systemstörungen die Zuverlässigkeitsüberwachung von Windows 10.

4. Wenn im nachfolgenden Fenster ❷ rote Punkte aufgeführt sind, können Sie darüber auf den Tag genau die fehlerhafte Anwendung bzw. Programminstallation lokalisieren.

5. Klicken Sie dazu auf den Punkt und schauen Sie sich die Infos im unteren Bereich an. Klicken Sie wenn angeboten, auf den ❸ Link **Nach einer Lösung suchen**, um die Störung automatisch zu beheben.

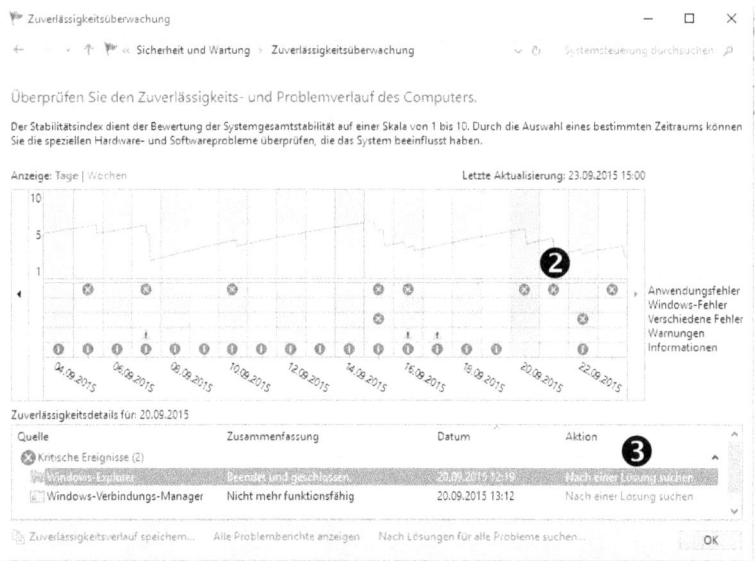

Windows 10 bietet meist auch gleich den passenden Link zum Lösen des Problems.

Reparieren Sie Ihre Anwendungen automatisch

Windows 10 bietet Ihnen die Möglichkeit, ein Programm automatisch zu reparieren, das beispielsweise durch einen Systemfehler beschädigt oder durch Unachtsamkeit gelöscht wurde. Zahlreiche Programme bieten für diese Fälle eine nützliche Funktion, die automatisch überprüft, ob alle benötigten Dateien und Einträge in die Registry noch vorhanden sind und Fehler gegebenenfalls behebt. Und so nutzen Sie diese Funktion:

1. Klicken Sie in der Systemsteuerung (Anzeige: **Kategorie**) auf
❶ **Programme** und wählen den Link **Programme und Features**.

Lassen Sie sich die installierten Programme anzeigen.

2. Wählen Sie anschließend die betreffende ❷ Anwendung aus.

3. Bietet diese Anwendung eine Reparatur-Funktion, wird die ❸ Schaltfläche **Reparieren** angezeigt.

Stellen Sie mit nur einem Mausklick Ihre Anwendungen vollautomatisch wieder her.

4. Klicken Sie auf diese Schaltfläche und bestätigen Sie die darauf folgende Sicherheitsabfrage.

5. Anschließend wird der Reparaturvorgang gestartet und läuft in der Regel automatisch ab. Nach einigen Sekunden bis hin zu wenigen Minuten ist die Reparatur abgeschlossen, und Sie können wieder wie gewohnt mit der Anwendung arbeiten.

Wie Sie mit Windows 10 wieder pingen

Die Firewall von Windows 10 wertet ein Ping manchmal als feindlichen Angriff und antwortet deshalb nicht auf den Ping-Befehl. So kommen die ICMP-Pakete, die Sie mit Ping auslösen, dennoch an:

1. Um die Firewall zu aktivieren, drücken Sie die Tastenkombination **<WIN>+<X>** und wählen aus dem Menü den Eintrag **Systemsteuerung**.

2. Klicken Sie auf **System und Sicherheit** und auf den ❶ Eintrag **Windows-Firewall**.

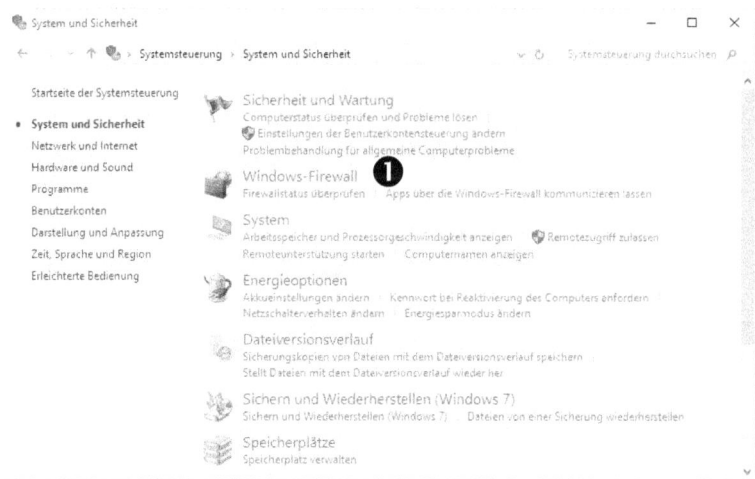

Aktivieren Sie die Benutzeroberfläche der Firewall.

3. Wählen Sie im linken Fensterteil den ❷ Link **Erweiterte Einstellungen**.

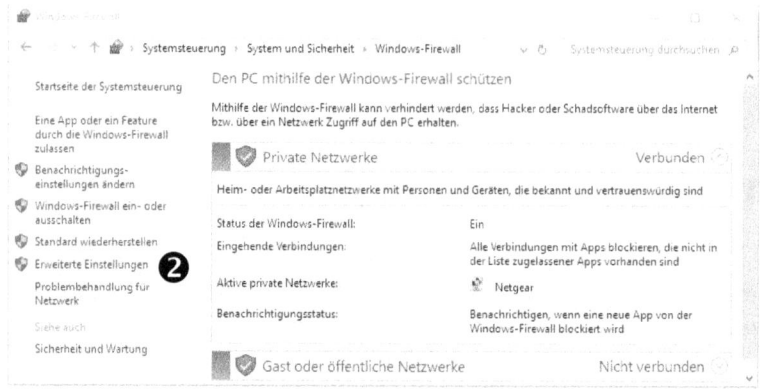

Konfigurieren Sie die Firewall individuell.

4. Klicken Sie links oben auf ❸ **Eingehende Regeln**.

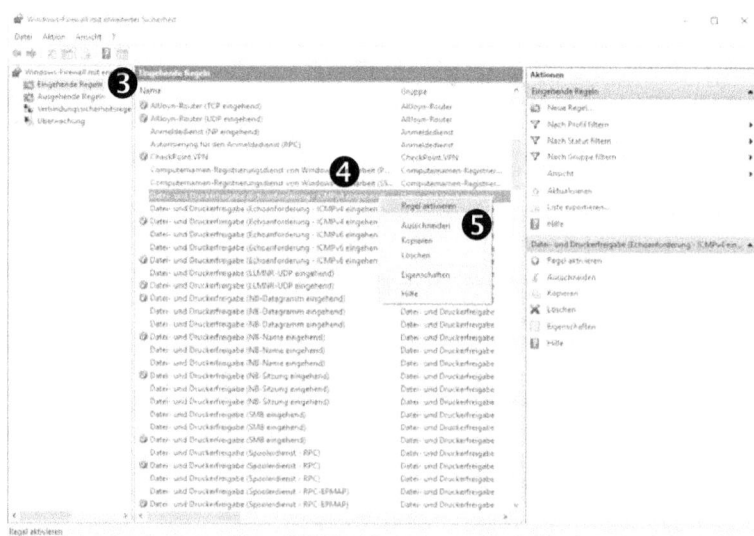

Ab sofort antwortet Windows 10 wieder auf Pings.

5. Klicken Sie mit der rechten Maustaste auf den ❹ Eintrag
Datei- und Druckerfreigabe (Echoanforderung - ICMPv4 eingehend).

6. Wählen Sie aus dem Kontextmenü den ❺ Eintrag **Regel aktivieren.**

Reparieren Sie den Ruhezustand

Unter Windows 10 kann es vorkommen, dass die Datenträgerbereinigung gründlicher vorgeht, als es manch einem Anwender lieb ist: Nicht nur überflüssige Dateien werden entfernt, sondern scheinbar auch gleich der ganze Ruhezustandsmodus.

Dies passiert immer dann, wenn die Datenträgerbereinigung auch die vom Ruhezustandsmodus angelegten Dateien bereinigt und dadurch die Datei **hiberfil.sys** entfernt wird. In dieser Datei werden alle Daten des Ruhezustands abgelegt.

Doch Sie können den Ruhezustand problemlos in wenigen Schritten wieder aktivieren:

1. Drücken Sie die Tastenkombination <**WIN**>+<**X**> und wählen den ❶ Eintrag **Eingabeaufforderung (Administrator).**

Eingabeaufforderung

Eingabeaufforderung (Administrator) ❶

Task-Manager

Systemsteuerung

Explorer

Suchen

Ausführen

Starten Sie die Eingabeaufforderung mit Administratorrechten.

2. Geben Sie anschließend den ❷ Befehl **powercfg -h on** ein und drücken Sie <**Return**>, um den Ruhezustand wieder zu aktivieren.

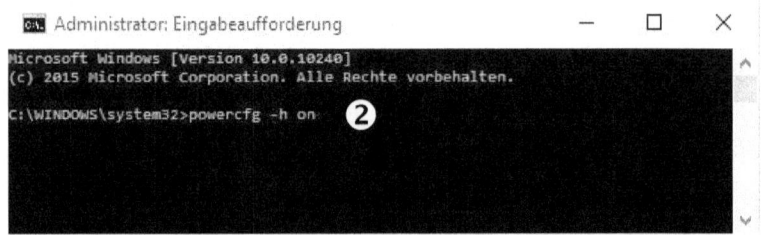

Stellen Sie den Ruhezustand von Windows 10 wieder her.

Passen Sie die visuellen Effekte individuell an

Die Grafikeffekte von Windows 10 sind zwar ein wahrer Blickfang, beanspruchen jedoch Grafikkarte und Prozessor stark. Wenn bei Ihnen nach einem Mausklick erst nach einigen Sekunden etwas geschieht, sollten Sie also evtl. die visuellen Effekte reduzieren und so die Systemleistung wieder erhöhen.

1. Öffnen Sie die **Systemsteuerung** und klicken oben rechts für die ❶ Anzeige auf **Große Symbole.**

2. Klicken Sie auf den ❷ Link **System**.

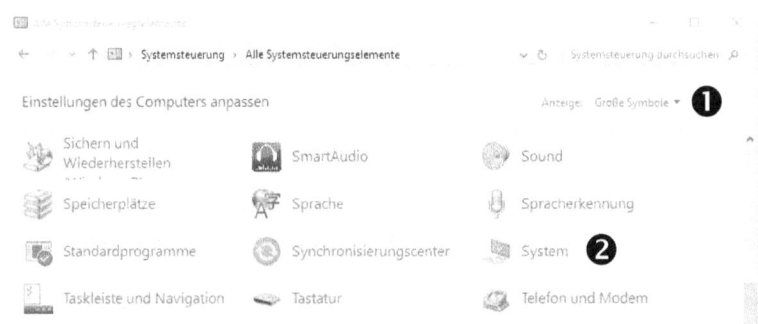

Lassen Sie sich die erweiterten Systemeinstellungen anzeigen.

3. Klicken Sie oben links auf ❸ **Erweiterte Systemeinstellungen**.

Wählen Sie die erweiterten Systemeinstellungen aus.

4. Wählen Sie das Register **Erweitert** und im Bereich **Leistung** die ❹ Schaltfläche **Einstellungen**.

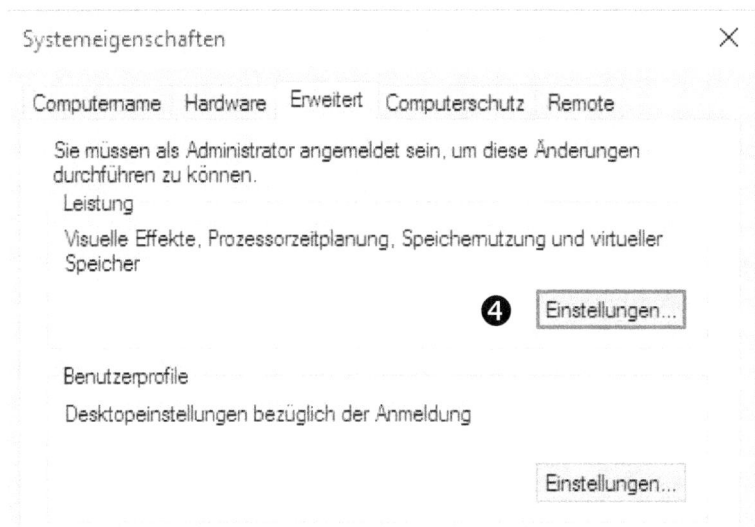

So stellen Sie die visuellen Effekte individuell ein.

5. Aktivieren Sie die ❺ Option **Für optimale Leistung anpassen**, um die visuellen Effekte abzuschalten.

6. Über die Option **Benutzerdefiniert** stellen Sie die visuellen Effekte individuell ein.

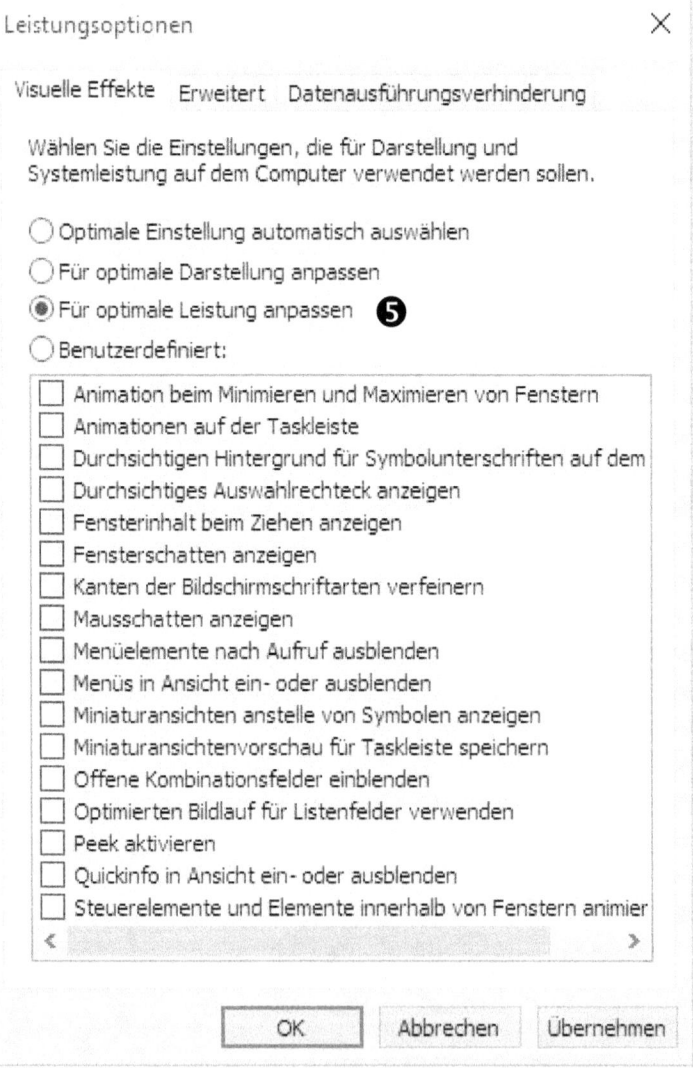

So schalten Sie alle überflüssigen optischen Effekte ab.

Überprüfen Sie den Arbeitsspeicher auf Probleme

Ihr System lief bislang immer tadellos, doch seit kurzer Zeit tauchen immer wieder unerklärliche Abstürze auf? Dann könnte daran ein defekter Speicherbaustein schuld sein – mit der Speicherdiagnose, die in Windows 10 integriert ist, können Sie dies jedoch leicht überprüfen.

1. Starten Sie die Systemsteuerung und aktivieren Sie unter **Anzeige** die Einstellung **Große Symbole**.

2. Klicken Sie auf **Verwaltung** und doppelklicken Sie auf den ❶ Eintrag **Windows-Speicherdiagnose**.

Aktivieren Sie die Speicherdiagnose von Windows 10.

3. Sie erhalten jetzt die Möglichkeit, den Speichertest entweder ❷ sofort vorzunehmen oder erst beim nächsten Systemstart.

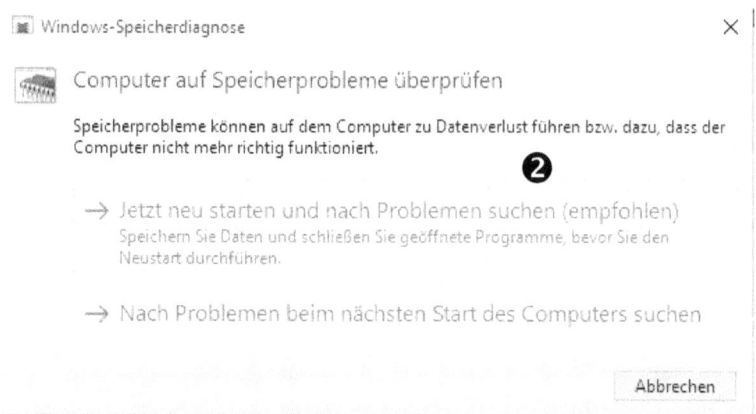

Lassen Sie bei sporadischen Systemabstürzen Ihren Arbeitsspeicher überprüfen.

4. Nachdem das System neu gestartet wurde, beginnt die Diagnose Ihres Arbeitsspeichers. Über den aktuellen Fortschritt sowie eventuelle Fehler werden Sie dabei ausführlich informiert.

Kontrollieren Sie bei Zugriffsfehler die Berechtigungen

Wenn beim Öffnen einer Datei eine Meldung mit dem Hinweis angezeigt wird, dass der Zugriff verweigert wurde, gehen Sie wie folgt vor:

1. Klicken Sie mit der rechten Maustaste auf die Datei oder den Ordner und wählen Sie aus dem Kontextmenü den Eintrag **Eigenschaften**.

Lassen Sie sich die Eigenschaften der Datei anzeigen.

2. Klicken Sie auf das Register **Sicherheit** und unter **Gruppen-oder Benutzernamen** auf Ihren ❶ Namen, um festzustellen, über welche ❷ Berechtigungen Sie im System verfügen.

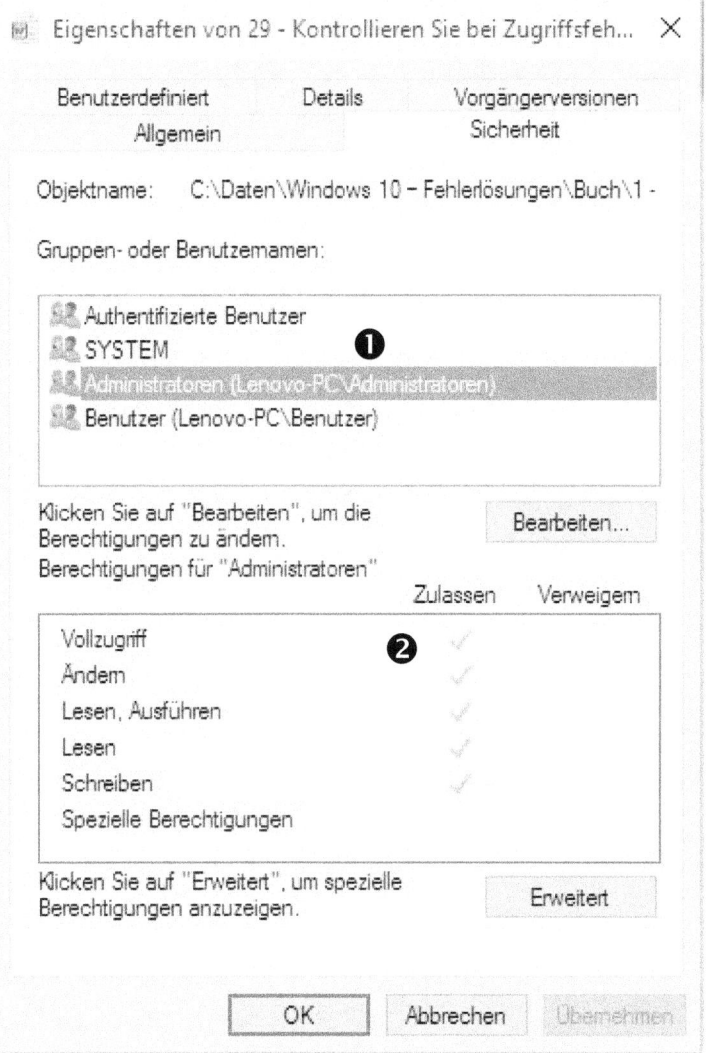

Lassen Sie sich Ihre Berechtigungen anzeigen.

Überprüfen Sie zusätzlich, ob die Datei verschlüsselt ist. Gehen Sie dazu wie folgt vor:

1. Klicken Sie auf das Register **Allgemein** und anschließend im unteren Bereich auf ❸ **Erweitert.**

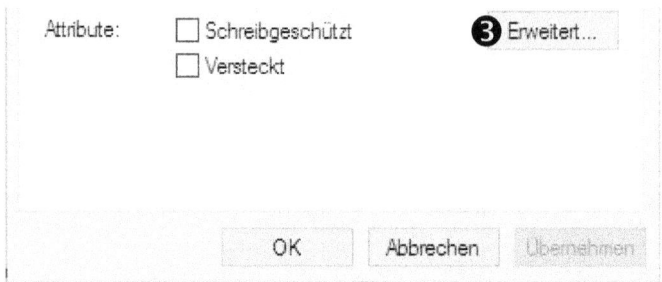

Kontrollieren Sie die Attribute der Datei.

2. Ist das ❹ Kontrollkästchen **Inhalt verschlüsseln, um Daten zu schützen** aktiviert, benötigen Sie zum Öffnen der Datei das Zertifikat, mit dem sie verschlüsselt wurde.

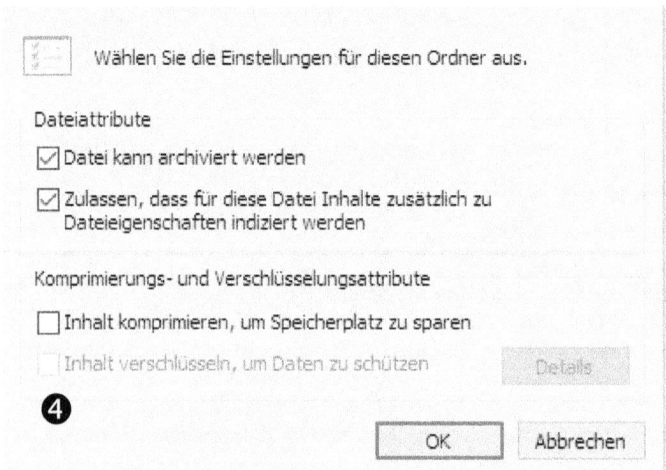

Wenn der Inhalt verschlüsselt ist, benötigen Sie ein Zertifikat für den Zugriff auf das Dokument.

Treiber-Troubleshooting

Ob Ihr Windows reibungslos läuft, hängt viel von den richtigen Treibern und den korrekten Einstellungen im System ab. Deshalb sollten Sie fehlerhafte Treiber schnell aufspüren und Treiberprobleme zuverlässig beheben können.

Suchen Sie nach Treiberproblemen im Geräte-Manager

Wenn Treiber Probleme bereiten, reagiert Windows manchmal sehr empfindlich. Ein Blick in den bordeigenen Geräte-Manager bringt hier schnell Klarheit über die Fehlerursache. Dort finden Sie zahlreiche Informationen über Ihre Hardware und auch Hinweise auf mögliche Treiberfehler.

1. Um den Geräte-Manager zu aktivieren, drücken Sie die Tastenkombination <**WIN**>+<**Pause**>. Klicken Sie auf den ❶ Link **Geräte-Manager**.

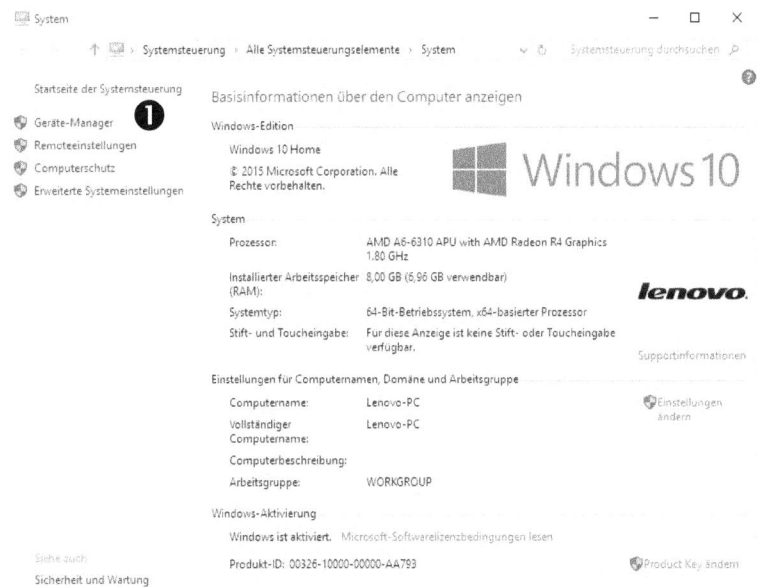

Aktivieren Sie den Geräte-Manager von Windows 10.

2. Um weitere Schaltflächen einzublenden, wählen Sie ein Gerät aus. Erweitern Sie beispielsweise den Eintrag **Grafikkarte** und klicken Sie auf den ❷ darunterliegenden Eintrag.

3. Klicken Sie ❸ hier, um nach neuer/geänderter Hardware zu suchen.

4. Ein Klick auf dieses ❹ Icon aktualisiert den Treiber für das ausgewählte Gerät.

5. Klicken Sie ❺ hier, um das ausgewählte Gerät zu deinstallieren.

6. Ein Klick auf dieses ❻ Icon deaktiviert das Gerät.

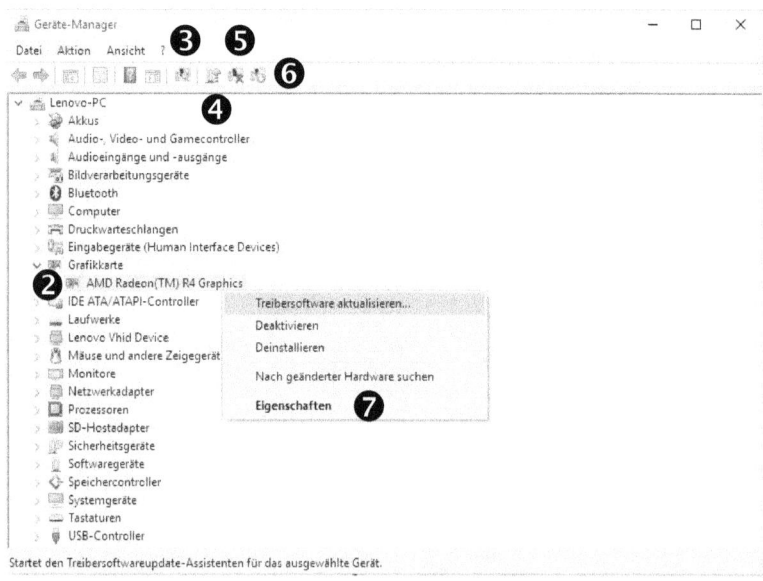

Alternativ können Sie die obigen Funktionen auch über das Kontextmenü erreichen – klicken Sie dazu mit der rechten Maustaste auf den Eintrag.

7. Um weitere Details zu einem Treibereintrag zu erhalten, klicken Sie den betreffenden Treibereintrag mit der rechten Maustaste an.

8. Wählen Sie dann den Eintrag ❼ **Eigenschaften** und wechseln Sie auf das ❽ Register **Details**.

9. Wählen Sie dann unter ❾ **Eigenschaft** aus, welche weiteren Funktionen Sie benötigen.

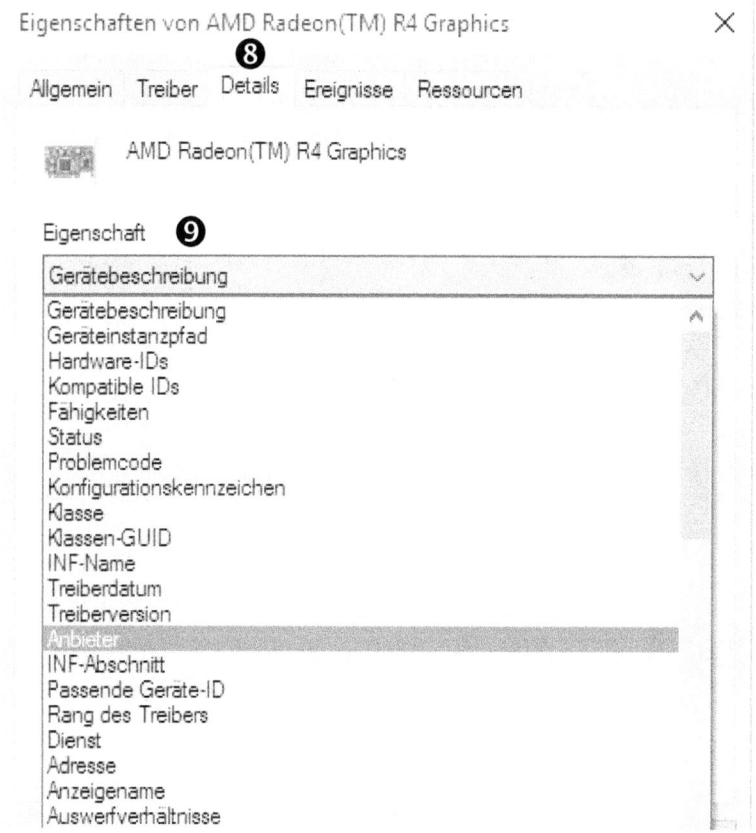

So lassen Sie sich weitere Informationen mit dem Geräte-Manager unter Windows 10 anzeigen.

Wurde eine Komponente nicht ordnungsgemäß installiert, wird Ihnen dies im Geräte-Manager mit einem Warnhinweis angezeigt:

Warnhinweis	Erklärung
? **Gelbes Fragezeichen**	Mit einem großen gelben Fragezeichen kennzeichnet Windows Komponenten, die zwar von Windows korrekt erkannt wurden, für die aber noch keine Treiber installiert sind. Installieren Sie in diesem Fall den neuesten Treiber vom Hersteller dieses Geräts. Klicken Sie dazu den Eintrag mit der rechten Maustaste an und wählen Sie **Treibersoftware aktualisieren**.
X **Rotes Kreuz**	 Mit einem roten Kreuz kennzeichnet Windows Komponenten, die deaktiviert sind. Haben Sie das Gerät gerade neu installiert, starten Sie Ihr System neu, um das Gerät von Windows erkennen zu lassen. Haben Sie die Komponente deaktiviert, klicken Sie auf das Icon ⑩ **Aktivieren** oben rechts im Geräte-Manager. So aktivieren Sie das Gerät wieder.
! **Schwarzes Ausrufezeiche n „!" auf**	Kritisch ist dagegen das gelbe Fehlersymbol mit einem Ausrufezeichen („!"). Windows hat das Gerät nicht erkannt und kann deshalb nicht darauf zugreifen. Um welches Problem es sich dabei handelt, verrät Ihnen der Geräte-Manager ebenfalls. Sie müssen dazu den

gelbem Grund	betreffenden Eintrag nur doppelt anklicken.
	Meistens ist die Ursache ein defekter oder unpassender Treiber. Ein anderer Grund kann auch eine mehrfach vergebene Systemressource sein. Handelt es sich bei der Problem-Komponente um einen Einsteckkarte, sollten Sie diese in einen anderen Steckplatz stecken. Das beseitigt manchmal Ressourcenprobleme. Auch ein defektes Gerät kann diesen Hinweis verursachen.

Achten Sie auf die Warnhinweise im Geräte-Manager.

1. Um den Fehler zu beheben, doppelklicken Sie auf das entsprechende Warnsymbol.

2. Im Feld **Gerätestatus** erhalten Sie meistens nähere Informationen zu dem Problem.

3. Mit einem Klick auf die Schaltfläche **Problembehandlung** hilft Windows 10 Ihnen zudem bei der Reparatur, indem es Ihnen exemplarische Lösungsmöglichkeiten für einfache Fehlertypen zeigt.

4. Zusätzlich sollten Sie für die im Geräte-Manager mit einem Warnhinweis gekennzeichneten Hardware-Komponenten den jeweils aktuellsten Treiber installieren.

Werten Sie die Fehlercodes im Geräte-Manager aus

Wenn etwas mit Ihrer PC-Hardware nicht stimmt, zeigt der Geräte-Manager einen Fehlercode an. Nachfolgend finden Sie die wichtigsten Fehlercodes mit der dazu passenden Lösung:

Windows 10 – Fehlerlösungen

Code	Meldung	Lösung
1	Das Gerät ist nicht richtig konfiguriert, weil die Hardwareerkennung fehlgeschlagen ist.	Dieser Code bedeutet, dass Windows das Gerät nicht konfigurieren kann. Zur Lösung des Problems folgen Sie den Anweisungen im Feld **Gerätestatus**. Sollte der Fehler danach nicht behoben sein, löschen Sie das Gerät aus dem Geräte-Manager und führen dann eine Neuinstallation mit dem Hardware-Assistenten durch. Auch eine Treiberaktualisierung kann weiterhelfen.
3	Gerätetreiber ist beschädigt oder Speicher bzw. Ressourcenmangel.	Aktualisieren Sie zuerst den Treiber für das Gerät. Führt dies nicht zur Lösung des Problems, entfernen Sie das Gerät aus dem Geräte-Manager und installieren es neu. Überprüfen Sie den Speicher und die Systemressourcen Ihres Gerätes.
8	Das Gerät funktioniert nicht, da die Treiberdatei <Name> beschädigt ist.	Klicken Sie auf **Treibersoftware aktualisieren**.
10	Gerät nicht vorhanden, funktioniert nicht richtig oder Treiber	Stellen Sie sicher, dass das Gerät korrekt angeschlossen ist. Sollte kein Verbindungsproblem vorliegen, aktualisieren Sie den

	nicht installiert.	Treiber.
18	Treiber muss installiert werden.	Der Treiber ist defekt, aktualisieren Sie den Treiber.
23	Das Problem liegt bei der Grafikkarte.	Entfernen Sie die Grafikkarte aus dem Geräte-Manager und starten Sie Ihren PC neu. Aktualisieren Sie den Grafikkartentreiber.
24	Gerät nicht vorhanden, funktioniert nicht richtig oder Treiber nicht alle installiert.	Das Problem könnte auf einen Defekt der Hardware zurückzuführen sein oder es wird ein neuer Treiber benötigt. Um diesen Fehler zu beheben, gehen Sie nach der Lösungsempfehlung vor. Funktioniert das Gerät anschließend immer noch nicht, stellen Sie sicher, dass das Gerät korrekt angeschlossen ist. Überprüfen Sie, ob die Kabel und Adapterkarten richtig eingesteckt sind.
32	Ein Treiber(dienst) wurde für dieses Gerät deaktiviert.	Der Starttyp für diesen Treiber ist in der Registrierung deaktiviert. Deinstallieren Sie den Treiber und klicken Sie anschließend auf **Nach geänderter Hardware suchen**.
37	Der Gerätetreiber für diese Hardware kann nicht initialisiert werden.	Deinstallieren Sie den Treiber und klicken Sie anschließend auf **Nach geänderter Hardware suchen**, um den Treiber zu aktualisieren.

Die wichtigsten Fehlercodes im Geräte-Manager von Windows 10 mit der passenden Lösung.

Durchsuchen Sie das Systemprotokoll nach fehlerhaften Treibern

Sollte das Problem durch die Aktualisierung des Treibers nicht gelöst sein, untersuchen Sie mit der Ereignisanzeige das Systemprotokoll:

1. Drücken Sie **<WIN>+<X>** und wählen den Eintrag **Systemsteuerung**.

2. Klicken Sie auf **System und Sicherheit – Verwaltung** und doppelt auf den ❶ Eintrag **Ereignisanzeige**.

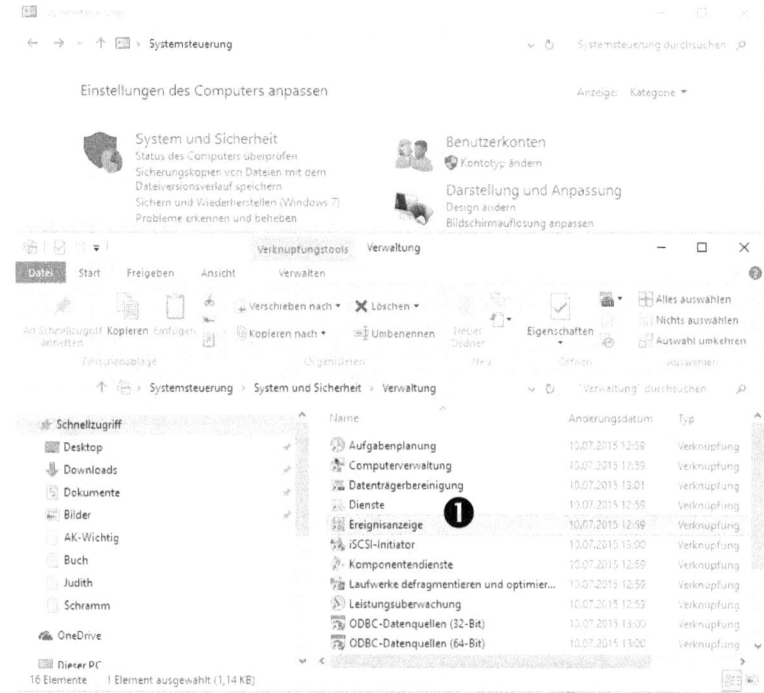

Starten Sie die Ereignisanzeige über die Systemsteuerung.

2. Erweitern Sie im linken Fensterteil durch einen Klick auf das kleine Dreieck den Ordner ❷ **Windows-Protokolle**.

3. Klicken Sie auf den Eintrag ❸ **System**, um sich das Systemprotokoll anzeigen zu lassen. In diesem Protokoll finden Sie Ereignisse, die von den Windows-Systemkomponenten protokolliert wurden. Hier werden beispielsweise Fehler beim Laden eines Gerätetreibers oder Startfehler im Zusammenhang mit anderen Systemkomponenten aufgezeichnet.

4. Klicken Sie auf ❹ **Ebene** und scrollen Sie dann im Fenster wieder nach oben, um sich am Anfang der Liste alle Fehler anzeigen zu lassen.

5. Durchsuchen Sie die Einträge, die als Fehler gekennzeichnet sind. Wenn Sie unter ❺ **Quelle** einen Eintrag zu einem Treiber ausmachen, doppelklicken Sie auf diesen Eintrag. Anschließend erhalten Sie weitere Informationen über diesen Treiber, den Sie erneuern sollten.

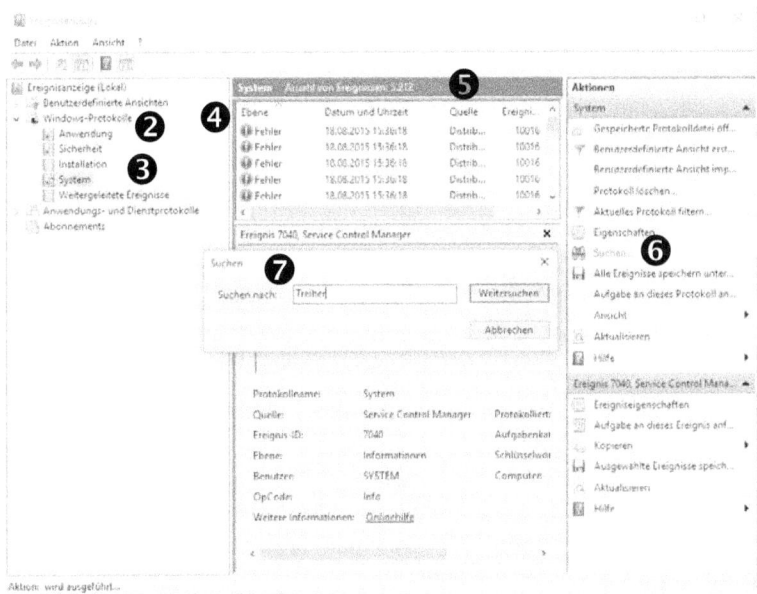

Im Systemprotokoll hinterlegt Windows Meldungen, die von Treibern oder Diensten ausgelöst werden.

Tipp! Aktivieren Sie die ❻ **Suchen**-Funktion und durchsuchen Sie zusätzlich das Systemprotokoll nach Einträgen die den Text ❼ **Treiber** beinhalten.

Nutzen Sie die Treiber-Infozentrale von Windows

Windows 10 enthält das nützliche Programm Systeminformation für die Suche nach Treiberfehlern. Um das Tool zu starten, drücken Sie <**WIN**>+<**R**>. Geben Sie **msinfo32** ein und bestätigen Sie mit <**Return**>.

1. In der Rubrik **Systemübersicht** finden Sie im Ordner **Hardwareressourcen** den ❶ Eintrag **Konflikte/Gemeinsame Nutzung**. Benutzt ein nicht funktionierendes neues Gerät dieselben Ressourcen wie ein anderes Gerät, haben Sie den Fehler gefunden.

Tipp! Steht für das neu installierte Gerät kein anderer Treiber zur Verfügung, können Sie den Treiberkonflikt möglicherweise durch den Tausch des Treibers der zweiten Konflikt-Komponente beseitigen.

2. Im Ordner **Komponenten** finden Sie den hilfreichen ❷ Eintrag **Problemgeräte**. Darin werden eventuell vorhandene Geräte ohne korrekte Treiberanbindung aufgeführt.

3. Im Ordner **Softwareumgebung** hilft Ihnen der ❸ Eintrag **Systemtreiber**. Hier erfahren Sie neben dem ❹ Namen des Treibers auch den dazugehörigen Dateinamen sowie den Startzustand und Modus der einzelnen Treiber sowie weitere Informationen.

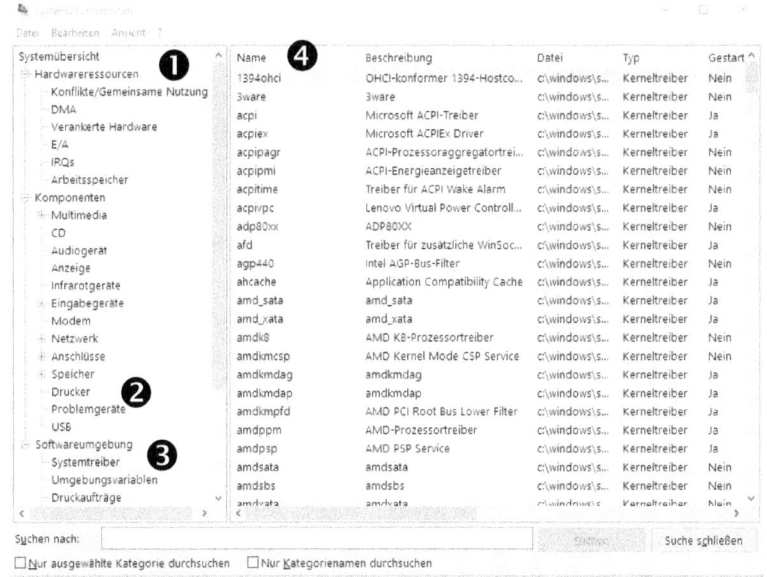

Über die Systeminformationen finden Sie alles Wissenswertes zu den Systemtreibern.

Checken Sie die unsignierten Treiber in Ihrem System

Windows 10 prüft während der Installation, ob ein Gerätetreiber von Microsoft getestet wurde und digital signiert ist. Ist dies nicht der Fall, erhalten Sie bei der Installation einen entsprechenden Warnhinweis.

Nicht von Microsoft signierte Treiber gibt es viele und die meisten funktionieren auch einwandfrei. Aber nicht signierte Treiber können auch die Ursache für eine Systemstörung sein. Es lohnt sich also zu überprüfen, welche nicht signierten Treiber in Ihrem System installiert sind:

1. Drücken Sie <**WIN**>+<**R**>, geben Sie den Befehl **sigverif** ein und drücken Sie <**Return**>.

2. Aktivieren Sie den Treibercheck mit einem Klick auf die ❶
Schaltfläche **Starten**.

Ermitteln Sie die unsignierten Treiber in Ihrem System.

3. Nach ca. einer Minute werden Ihnen dann alle unsignierten
Treiber angezeigt.

4. Suchen Sie dann für die in der Liste angegebenen
problematischen Treiber auf den Herstellerseiten nach Treibern,
die von Microsoft signiert wurden. Installieren Sie stattdessen
diese.

Verwenden Sie den aktuellsten Treiber für Ihre Grafikkarte

Bei Problemen mit Ihrer Grafikkarte sollten Sie als Erstes den
Grafikkartentreiber aktualisieren. Verwenden Sie dafür den
Treiber des Chipherstellers der Karte. Dieser Treiber bietet Ihnen
meist die beste Performance und zusätzliche Funktionen. Die
Version Ihres Treibers ermitteln Sie am schnellsten über das
DirectX-Diagnoseprogramm. Gehen Sie dazu folgendermaßen
vor:

1. Drücken Sie <**WIN**>+<**R**>, geben Sie **dxdiag** ein und drücken Sie <**Return**>. Bestätigen Sie die Sicherheitsabfrage mit einem Klick auf **Ja**.

2. Klicken Sie auf das Register ❶ **Anzeige**, um sich die Informationen zu Ihrem Grafikkartentreiber anzeigen zu lassen.

3. Kontrollieren Sie das ❷ Datum des aktuellen Treibers.

4. Das Tool testet automatisch Ihr Grafiksystem und meldet Ihnen ❸ im unteren Bereich mögliche Ursachen für Grafikprobleme.

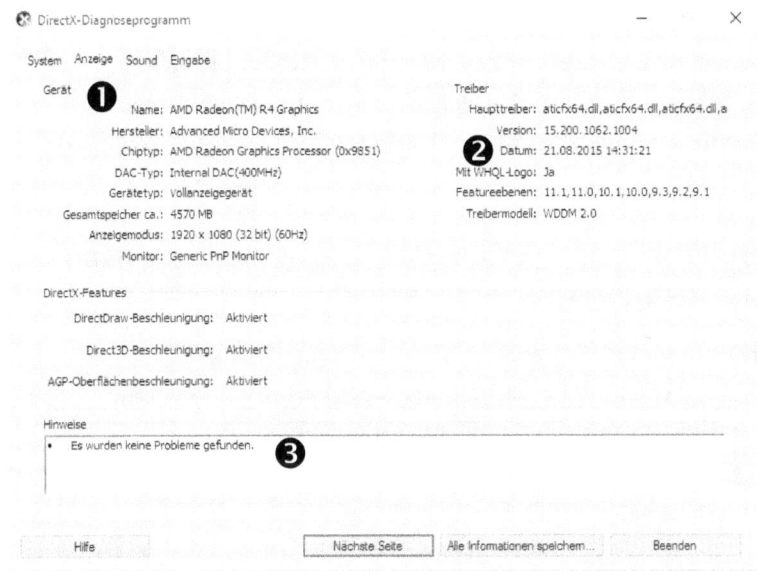

Lassen Sie sich das Erstellungsdatum Ihres Grafikkartentreibers und mögliche Grafikprobleme anzeigen.

Tipp! Aber auch wenn Ihr Grafiksystem stabil läuft, sollten Sie alle zwei Monate Ihren Grafikkartentreiber aktualisieren. Das gilt besonders, wenn Sie aufwendige 3D-Anwendungen einsetzen.

Denn durch ein Treiber-Update beseitigen Sie Fehler bei der Anzeige von Texturen und holen sich kostenlos neue Funktionen.

Sie erhöhen damit außerdem die Kompatibilität und optimieren oft auch die Performance Ihrer Grafikkarte bzw. des Onboard-Grafikchips. Aktuelle Treiber finden Sie auf den Internetseiten der Chiphersteller wie ATI (www.ati.com/de) oder NVIDIA (www.nvidia.de).

Alternativ bieten einige Hersteller von Grafikkarten aber auch eigene Treiber für ihre Karten an. Diese bieten gelegentlich zusätzliche Funktionen, die genau auf die Karte abgestimmt sind. Dazu zählen beispielsweise die Treiber von ASUS.

Den Treiber auf der Installations-CD zur Grafikkarte sollten Sie hingegen nicht verwenden, da er in der Regel veraltet ist. Den mitgelieferten Grafikkartentreiber können Sie allenfalls als Notlösung einsetzen, wenn überhaupt kein anderer Treiber zur Hand ist.

Beheben Sie Treiber-Pannen beim Austausch der Grafikkarte

Häufig gibt es Probleme, wenn eine neue Grafikkarte ein älteres Modell ersetzt. Das ist besonders der Fall, wenn die neue Grafikkarte mit einem anderen GPU-Typ als das Vorgängermodell ausgestattet ist. Löschen Sie deshalb vor dem Austausch den Treiber Ihrer alten Grafikkarte. Windows setzt dann anstelle des herstellerspezifischen Treibers den VGA-Standardtreiber ein.

1. Drücken Sie dazu die Tastenkombination <**WIN**>+<**Pause**>.

2. Klicken Sie auf den Link **Geräte-Manager**.

3. Erweitern Sie den Eintrag ❶ **Grafikkarte** und doppelklicken Sie auf den ❷ Eintrag für Ihre Grafikkarte.

4. Klicken Sie auf das ❸ Register **Treiber** und anschließend auf die ❹ Schaltfläche **Deinstallieren**.

5. Beenden Sie anschließend Ihr Windows-System.

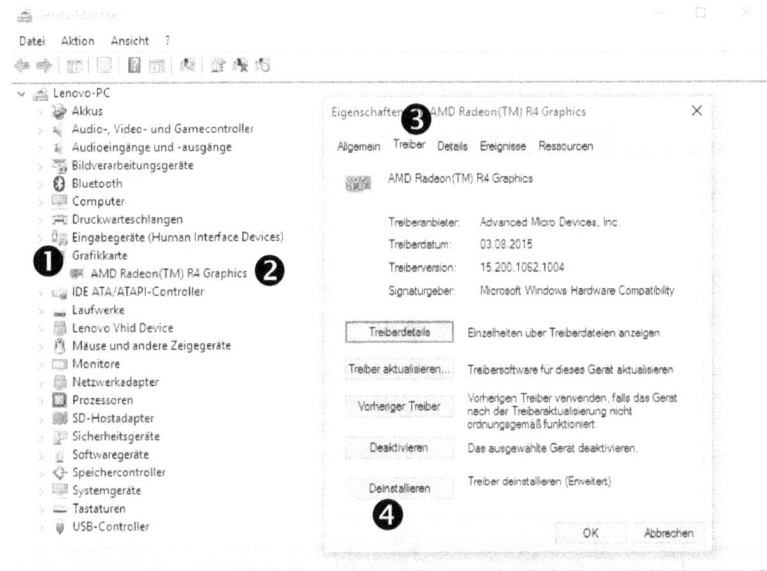

Entfernen Sie den Grafikkartentreiber mithilfe des Geräte-Managers.

6. Tauschen Sie die Grafikarte aus und starten Sie anschließend Ihr System.

7. Installieren Sie den neuesten Treiber für die Grafikkarte direkt vom Hersteller. Dieser bietet meist ein eigenständiges Paket mit Installations-Assistenten für die Grafikkarte an.

Lösen Sie STOP-Fehler die durch fehlerhafte Treiber ausgelöst werden

Beschädigte oder falsch programmierte Treiber lösen meist einen STOP-Fehler aus, der in Form eines Bluescreen angezeigt wird. Stoppt Windows mit einem Bluescreen, geht anschließend nichts mehr. Der Windows-Kernel eine Situation festgestellt, die er ohne mögliche System-Inkonsistenzen oder Datenverluste nicht mehr beheben kann.

Der Kernel reagiert auf diesen Ausnahmezustand mit einem „Bug Check", hält Ihr System gezielt an und gibt Ihnen anschließend auf einem blauen Bildschirm mit einer Fehlermeldung in weißer Schrift Hinweise zu dem aufgetretenen Problem. Bevor es zum eigentlichen Stop kommt, kann das System aber auch noch ein Speicherabbild für weiterführende Analysen in einer Datei sichern.

Der ❶ Bluescreen unter Windows 10 schaut etwas wohlwollender aus, als die Vorgängerversionen. Doch sind auch hier erstmals alle ungesicherten Daten weg und einen Hinweis auf den Auslöser des System-Crash bekommen Sie unter Windows 10 nur in Form der ❷ Fehlermeldung (Bug Check String). Wichtige Angabe wie der Fehlercode oder die Parameter fehlen meist komplett.

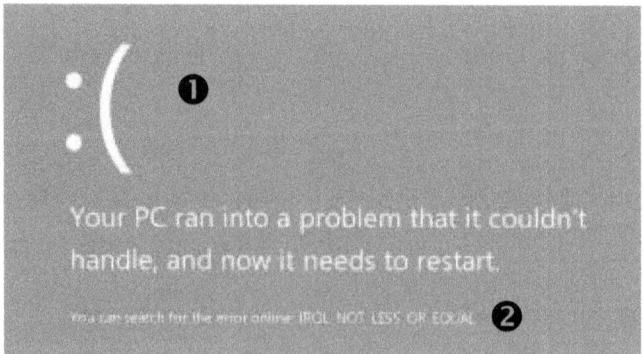

Ein Bluescreen unter Windows 10.

Setzen Sie deshalb unter Windows 10 das Tool **BlueScreenView** (www.nirsoft.net) ein. Dieses zeigt Details zum ausgelösten Bluescreen an. Suchen Sie nach den Angaben unter ❸ **Bug Check String** und **Bug Check Code** per Google im Internet.

Analysieren Sie den Auslöser des Bluescreens mit BlueScreenView.

Hinweis: Sollte das Tool keine Infos zu einem Bluescreen liefern, gehen Sie wie folgt vor:

1. Drücken Sie **<WIN>+<X>** und wählen den Eintrag **Systemsteuerung**.

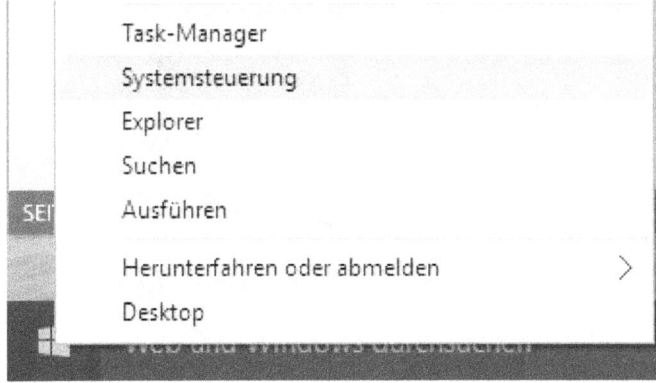

Aktivieren Sie die Systemsteuerung.

2. Klicken Sie auf **System und Sicherheit – System –** ➍
Erweiterte Systemeinstellungen.

3. Wählen Sie im Bereich **Starten und Wiederherstellen** die ➎
Schaltfläche **Einstellungen**.

4. Kontrollieren Sie, dass der ➏ Bluescreen in das
Systemprotokoll eingetragen wird (voreingestellt).

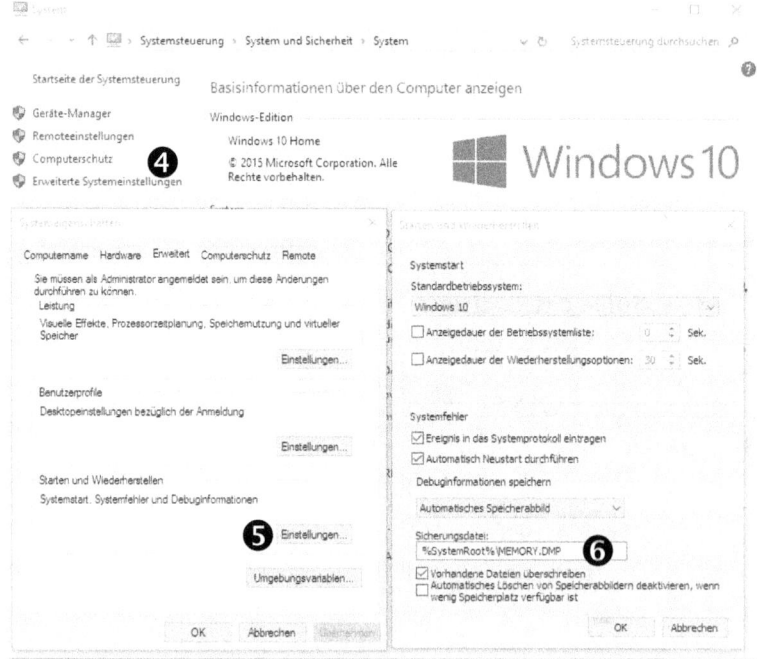

Kontrollieren Sie die Starten und Wiederherstellen-
Einstellungen.

STOP-Fehler werden zu 90 % durch Treiberfehler ausgelöst.
Beachten Sie dabei den entsprechenden Fehlercode im rechten
Teil der Fehlermeldung. Folgende Codes verweisen auf einen
Treiberfehler:

Fehlertext	Beschreibung
CM_PROB_NOT_ CONFIGURED	Keine Treiber verfügbar
CM_PROB_FAILED_ START	Treiber oder Gerät defekt
CM_PROB_PARTIAL_ LOG_CONF	Fehlerhafte Hardware oder fehlerhafter Gerätetreiber
CM_PROB_UKNOWN_ RESOURCE	Defekter oder ungültiger Gerätetreiber
CM_PROB_DEVICE_ NOT_THERE	Treiber fehlerhaft
CM_PROB_FAILED_ INSTALL	Defekte Treiberinfodatei
PROCESS_HAS_LOCKED_P AGES	Treiber fehlerhaft
NO_MORE_SYSTEM_PTES	Treiber fehlerhaft
IRQL_NOT_LESS_OR_EQU AL	Fehlerhafter Treiber oder defekte Hardware
KMODE_EXCEPTION_NOT _HANDLED	Treiber fehlerhaft

Die Fehlercodes geben Ihnen Auskunft über die Art des Treiberfehlers – Abhilfe schaffen Sie, indem Sie einen neuen Treiber installieren.

Tipp! Beim Auftreten eines STOP-Fehlers sollten Sie zuerst Ihr System auf die zuletzt funktionierende Systemkonfiguration zurücksetzen. Sollte der Fehler beim Systemstart auftreten, aktivieren Sie dazu den abgesicherten Modus.

Druckerprobleme schnell gelöst

Wenn der Drucker rein technisch in Ordnung ist und Ihr Windows trotzdem keinen Ausdruck zustande bringt, beginnt oft eine mühsame Fehlersuche. Nach der Überprüfung von den Bedienungselementen, Kabel und Papiervorrat verbleibt nur noch ein technisches Problem mit dem System.

Setzen Sie den Druck-Ratgeber ein

Eine zeitaufwändige und komplizierte Fehlersuche können Sie vermeiden, wenn Sie den in Windows 10 integrierten Druck-Ratgeber in Anspruch nehmen. Dieser führt Sie interaktiv Schritt-für-Schritt zur Lösung des Druckproblems:

1. Aktivieren Sie die Systemsteuerung (<**WIN**>+<**X**>) und wählen unter **Anzeige** den Eintrag **Große Symbole** aus.

2. Klicken Sie auf **Sicherheit und Wartung** und dort im unteren Bereich auf den Link **Problembehandlung**.

3. Klicken Sie auf den ❶ Link **Drucker verwenden** und gegebenenfalls im nächsten Fenster auf die Schaltfläche **Drucker**.

Analysieren Sie den Fehler mit der Problembehandlung.

4. Klicken Sie auf **Weiter**. Anschließend wird die Problembehandlung gestartet und mögliche Druckerfehler analysiert.

5. Klicken Sie auf ❷ **Diese Korrektur anwenden.**

← 🖨 Drucker

Microsoft Print to PDF als Standarddrucker festlegen

Wird der Drucker Microsoft Print to PDF als Standarddrucker festgelegt, kann er möglicherweise von Anwendungen zum Drucken verwendet werden.

→ Diese Korrektur anwenden ❷

→ Diese Korrektur überspringen
Problembehandlung fortsetzen, ohne diese Korrektur anzuwenden.

Abbrechen

Lassen Sie das Druckerproblem vom System lösen.

Installieren Sie den Druckertreiber neu

Wenn der oben beschriebene Druck-Ratgeber keine Lösung des Problems findet und die Drucker-Eigenschaften ordnungsgemäß eingestellt sind, sollten Sie zur Lösung des Problems den Druckertreiber entfernen und neu installieren.

1. Starten Sie dazu die Systemsteuerung (<**WIN**>+<**X**>) und klicken Sie in der **Kategorie-Ansicht** im Bereich **Hardware und Sound** auf ❶ **Geräte und Drucker anzeigen.**

Aktivieren Sie die Systemsteuerung und lassen Sie sich die installierten Drucker anzeigen.

2. Klicken Sie mit der rechten Maustaste auf den Drucker, den Sie entfernen möchten und wählen Sie den ❷ Eintrag **Gerät entfernen**.

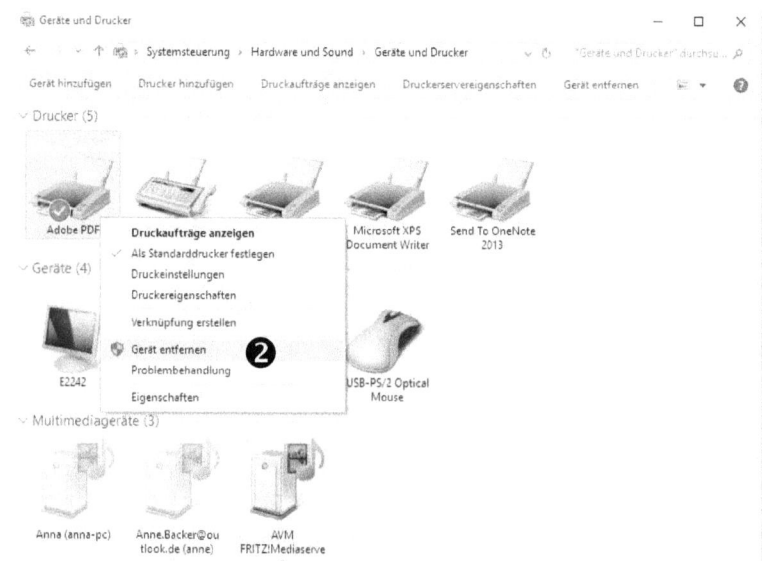

Entfernen Sie den Druckertreiber über das Kontextmenü.

3. Wenn Sie den Drucker nicht löschen können, klicken Sie erneut mit der rechten Maustaste auf den Drucker, klicken Sie auf **Als Administrator ausführen** und klicken Sie anschließend auf **Löschen**. Wenn Sie aufgefordert werden, ein Administratorkennwort oder eine Bestätigung einzugeben, geben Sie das Kennwort bzw. die Bestätigung ein.

4. Installieren Sie dann den Druckertreiber neu. Sofern Ihr Druckerhersteller eine spezielle Installationsroutine bereitstellt, verwenden Sie diese in der neuesten Version von der Support-Seite des Herstellers im Internet. Wenn nicht, setzen Sie wie nachfolgend beschrieben den Druckerinstallations-Assistent ein.

Richten Sie den Drucker mit dem Installations-Assistenten ein

Wenn es sich bei Ihrem Drucker um einen mit USB-Anschluss handelt, sollte der Drucker beim Anschließen automatisch von Windows erkannt und installiert werden. Wenn nicht, müssen Sie den Drucker manuell installieren.

Folgen Sie dazu einfach der nachfolgenden Schritt-für-Schritt-Anleitung:

1. Aktivieren Sie die Systemsteuerung (<**WIN**>+<**X**>).

2. Wählen Sie im Bereich **Hardware und Sound** den Link ❶ **Geräte und Drucker anzeigen**.

Lassen Sie sich die Drucker anzeigen.

2. Klicken Sie im Bereich **Geräte und Drucker** auf ❷ **Drucker hinzufügen**.

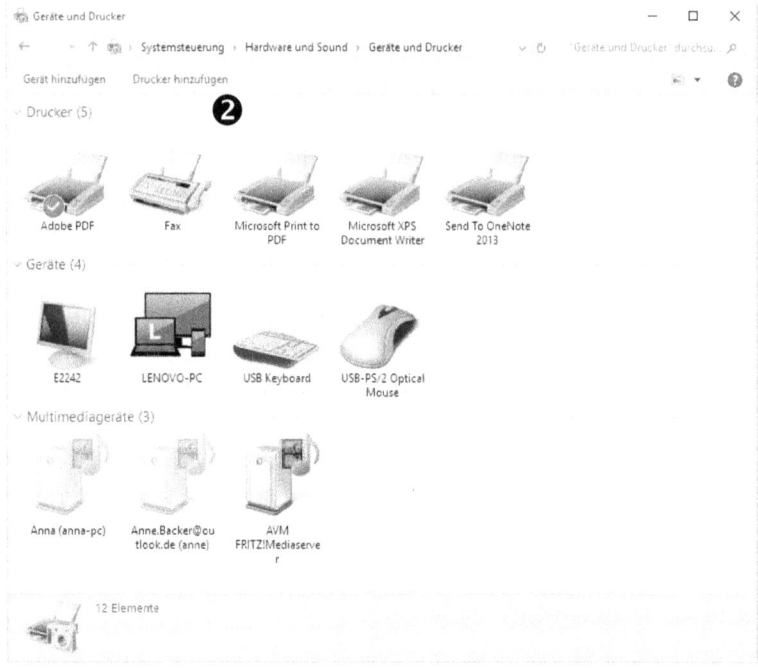

Setzen Sie zum Installieren den Druckerinstallations-Assistenten ein.

3. Wählen Sie im Druckerinstallations-Assistenten den Punkt **Einen lokalen Drucker hinzufügen**.

4. Geben Sie den vorhandenen Anschluss an und klicken Sie auf **Weiter**.

5. Wählen Sie auf der Seite **Den Druckertreiber installieren** den Druckerhersteller und das Druckermodell aus und klicken Sie auf **Weiter**.

• Wenn Ihr Drucker nicht aufgelistet ist, klicken Sie auf **Windows Update** und warten Sie, während Windows nach zusätzlichen Treibern sucht.

• Wenn keine Drucker verfügbar sind und Sie über die Installations-CD verfügen, klicken Sie auf **Datenträger** und navigieren Sie dann zum Ordner in dem der Druckertreiber gespeichert ist.

6. Folgen Sie abschließend den Anweisungen des Assistenten und klicken Sie auf **Fertig stellen**.

Kontrollieren Sie bei Störungen den Druck-Dienst

Der Druckvorgang unter Windows wird über den Spooler-Dienst (Druckwarteschlange) abgewickelt. Dieser Dienst muss aktiviert sein, ansonsten ist das Drucken nicht möglich und Sie erhalten die Fehlermeldung, dass der Dienst nicht gestartet wurde.

Um zu überprüfen, ob der Dienst aktiviert ist, gehen Sie wie folgt vor:

1. Drücken Sie die Tastenkombination <**WIN**>+<**X**> und wählen aus dem Menü den Eintrag **Systemsteuerung**. Geben Sie oben rechts im Suchfeld den Text **dienste** ein.

2. Klicken Sie dann auf den ❶ Link **Lokale Dienste anzeigen**.

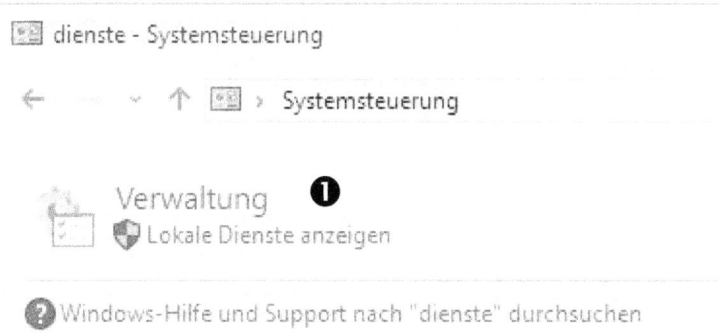

Lassen Sie sich die lokalen Dienste anzeigen.

3. Klicken Sie auf das **❷** Register **Name**, um die Dienste in alphabetischer Reihenfolge zu sortieren.

4. Doppelklicken Sie auf den **❸** Dienst **Druckwarteschlange**.

5. Stellen Sie den **❹** Starttyp auf **Automatisch** ein und starten Sie den Dienst neu, sollte dieser beendet sein.

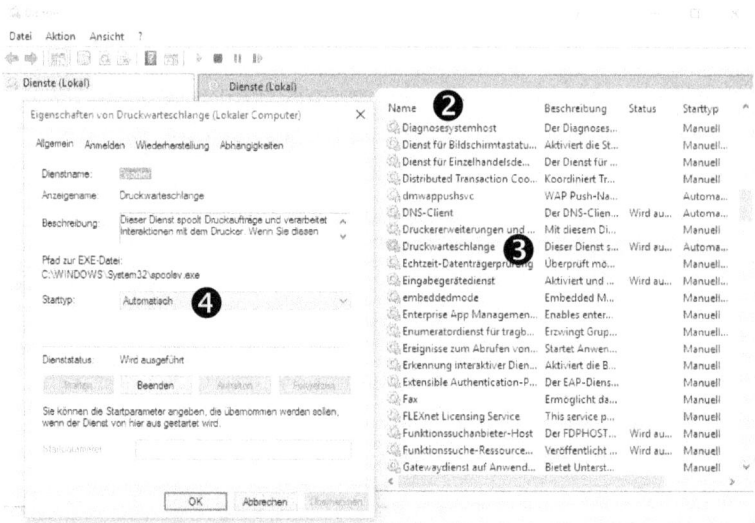

Stellen Sie sicher, dass der Spooler-Dienst gestartet wurde.

Prüfen Sie die Einstellungen im BIOS

Streikt Ihr neuer Drucker oder ein anderes externes Gerät, könnte möglicherweise auch im BIOS etwas falsch eingestellt sein. Überprüfen Sie daher im Menü **Integrated Peripherals** oder **Advanced – I/O Device Configuration** die Einstellungen zu den integrierten Peripheriegeräten.

Tipp! Um das BIOS-Setup zu aktivieren, drücken Sie je nach BIOS-Hersteller beim PC-Start eine der folgenden Tasten: **<F1>**, **<Entf>**, **<Strg>+<Alt>+<Esc>** oder **<Strg>+<Esc>**. Welche Taste das ist, wird beim Systemstart angezeigt.

Onboard Parallel Port: Stellen Sie hier **Auto** bzw. **378/IRQ7** ein. Die Standardadresse der ersten parallelen Schnittstelle LPT1 ist 378h, LPT2 wird auf 278h gelegt. Bietet das Menü die Option **Auto,** kann das BIOS eine andere Adresse konfigurieren, falls es bei der Standardadresse Probleme gibt.

Parallel Port Mode: Diese Option bestimmt die Datenübertragungsart für die parallele Schnittstelle. Die beste Einstellung ist hier **ECP** (Extended Capability Port). Das ist die schnellste Übertragungsart, weil sie unter anderem die Datenkomprimierung beherrscht. Sie benötigt aber auch einen zusätzlichen DMA-Kanal. Sollten Sie Probleme mit Ihrem Drucker haben, versuchen Sie die Einstellung **EPP** (Enhanced Parallel Port).

USB Device: Diese Einstellung sollten Sie auf **Enabled** setzen, um die USB-Ports auf Ihrem Motherboard verwenden zu können.

```
          CMOS Setup Utility - Copyright © 1984-2006 Award Software
                          I/O Device Configuration

   Onboard Serial Port          [Auto]        Item Help

   Onboard Parallel Port        [Auto]        Menu Level ▶

   Parallel Port Mode           [ECP]
                                              BIOS can automatically
   USB Device                   [Enabled]     Configure all the

   USB Keyboard Support         [Enabled]     Boot and Plug and Play
                                              Compatible devices.
   OnChip 1394                  [Auto]        If you cannot select IRQ

   Infrared-Port                [Auto]        DMA and memory base
                                              Adress fields, since
   Onboard 6Ch H/W Audio        [Enabled]     BIOS automatically

   Joystick                     [Enabled]     Assigns them


   Move  Enter: Select   +/-/PU/PD:Value    F10:Save          ESC:Exit
   F1:General Help        F5:Previus Values  F7: BIOS Setup Defaults
```

Hier finden Sie die BIOS-Optionen für Ihre Schnittstellen.

OnChip 1394: Hier konfigurieren Sie den Onboard-FireWire-Anschluss. Um diesen zu aktivieren, stellen Sie die Option auf **Auto**. Sollten Sie FireWire nicht nutzen, können Sie die FireWire-Schnittstelle mit **Disabled** auch deaktivieren.

Hinweis: Sollte Ihr System durch das Verändern der BIOS-Optionen instabil werden, aktivieren Sie im Hauptmenü mit **Load BIOS Setup Defaults** wieder die vom Hersteller vorgegebenen Standardwerte. Da diese auf ein stabiles System hin optimiert sind, sollte Ihr PC anschließend wieder fehlerfrei arbeiten.

Checkliste: Erste Hilfe bei Druckerproblemen

Oft sind die Ursachen für ein Druckerproblem trivial, anhand der folgenden Checkliste können Sie die Ursache schnell finden:

- Ist das Netzkabel an den Drucker und eine stromführende Steckdose angeschlossen?

- Sind der Drucker und der Computer eingeschaltet?

- Ist das USB-Kabel an den Drucker und an den Computer angeschlossen?

- Blinken Druckerleuchten oder zeigt das Display eine Warnung an? Informationen hierzu finden Sie im Drucker-Handbuch.

- Bei Tintendruckern: Haben Sie den Aufkleber und das Klebeband auf Rück- und Unterseite der Tintenpatronen entfernt?

- Bei Laserdruckern: Haben Sie die Schutzfolie am Tonerausgang der Kartusche entfernt?

- Ist das Papier vorschriftsmäßig eingelegt? Stellen Sie sicher, dass das Papier nicht zu weit in den Drucker geschoben wurde.

- Ist der Drucker als Standarddrucker eingerichtet? Wenn nein, definieren Sie den Drucker als Standard:

1. Wechseln Sie in die Systemsteuerung und aktivieren Sie den Drucker-Dialog.

2. Klicken Sie mit der rechten Maustaste auf den Drucker und vergewissern Sie sich, dass die ❶ Option **Als Standarddrucker festlegen** ausgewählt ist.

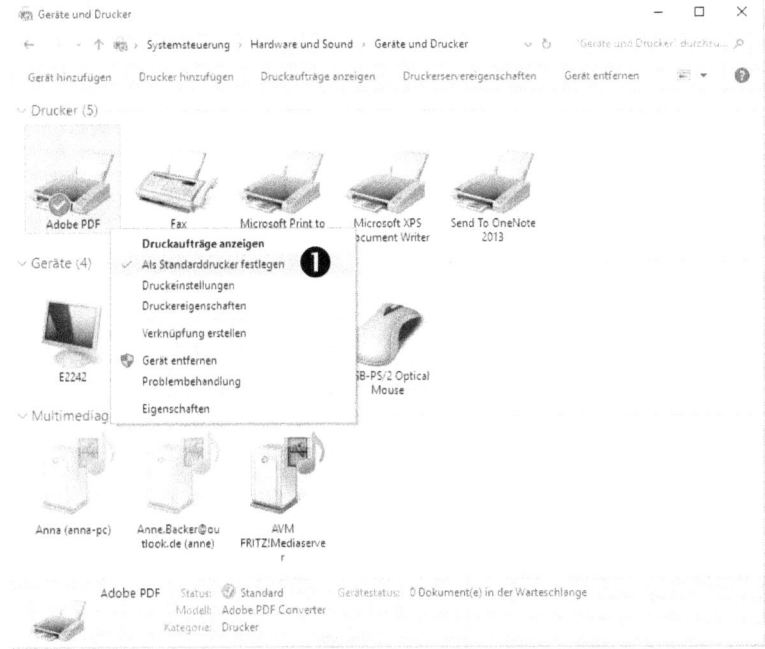

Bestimmen Sie den Standarddrucker.

Profi-Tools zur Fehleranalyse und Datenrettung

Die Suche nach Konfigurations- oder Hardware-Fehlern ist oft eine komplexe und zeitraubende Angelegenheit, die Sie ohne Analyse-Tools kaum bewerkstelligen können. Falls Ihr PC noch startet, können Sie die Tools auf den nachfolgenden Seiten zur wirksamen Fehler-Analyse und Datenrettung einsetzen. Und das Beste: Gute Analyse-, Reparatur- und Datenrettungs-Tools müssen nicht teuer sein. Alle nachfolgend vorgestellten Werkzeuge sind Freeware und kosten Sie daher null Euro. Dabei stehen diese Programme den meisten teuren Vollversionen in nichts nach.

So stellen Sie gelöschte Dateien aus dem Papierkorb wieder her

Ein Klick mit der Taste <**Entf**> und die markierte Datei im Windows-Explorer oder im Datei-Menü eines Programms wird gelöscht und nicht in den Papierkorb von Windows verschoben. Aus dem Papierkorb können Sie die verschobenen Dateien problemlos wiederherstellen oder sie auch endgültig löschen:

1. Um eine Datei aus dem Papierkorb wiederherzustellen, klicken Sie das Symbol **Papierkorb** auf dem Desktop zweimal kurz hintereinander mit der Maus an.

2. Markieren Sie die gewünschte ❶ Datei oder Dateigruppe.

3. Klicken Sie das betreffende Objekt mit der rechten Maustaste an und wählen Sie aus dem Kontextmenü den ❷ Eintrag **Wiederherstellen**.

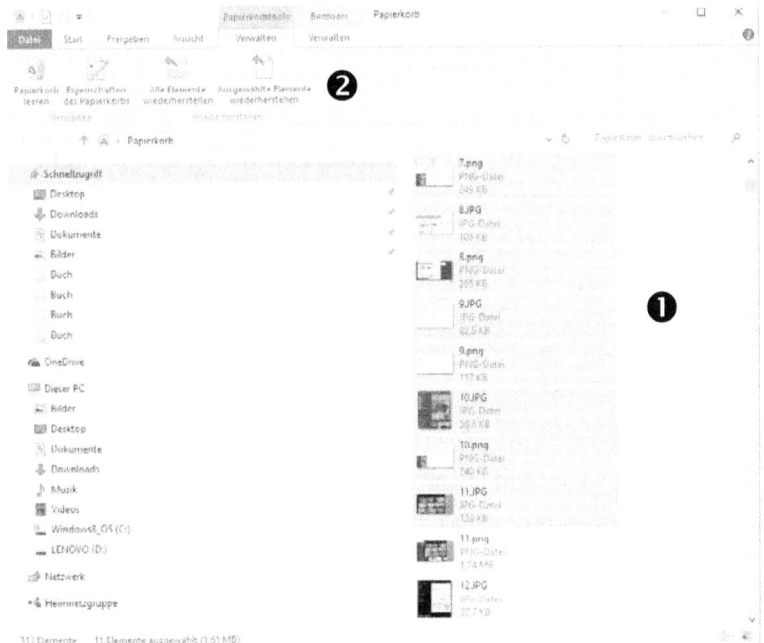

So stellen Sie gelöschte Dateien aus dem Papierkorb wieder her.

Tipp! Sollte bei der Arbeit mit Dateien, beispielsweise mit dem Windows-Explorer mal etwas „schief gehen" – kein Grund zur Besorgnis. Fast alle Windows-Tools und - Programme sind mit einer UNDO-Funktion ausgestattet, mit der sich sämtliche durchgeführten Operationen in mehreren Stufen rückgängig machen lassen. Mehrere Stufen bedeutet: Wenn Sie beispielsweise zuerst eine Datei gelöscht und dann eine weitere Datei in einen anderen Ordner verschoben haben, müssten Sie die Schaltfläche **Rückgängig** zweimal betätigen, um die Lösch- und die

Verschiebeoperation rückgängig zu machen. Durch das Drücken von <**Strg**>+<**Z**> wird die UNDO-Funktion in fast allen Windows-Tools und -Programmen ausgelöst.

Gelöschte Dateien sind noch auf der Festplatte vorhanden

Ist eine gelöschte Datei auch aus dem Papierkorb entfernt worden, kann sie mit den Bordmitteln von Windows nicht wiederhergestellt werden. Sie müssen diese Datei dennoch nicht endgültig verloren geben. Es gibt nämlich Hilfsprogramme, die endgültig gelöschte Dateien in vielen Fällen noch rekonstruieren können.

Diese Programme machen sich zunutze, wie Windows Dateien löscht. Beim Löschen bleiben die Daten, die in dieser Datei gespeichert sind, zunächst erhalten. Windows markiert lediglich den Speicherplatz, den die gelöschte Datei belegt, als frei. Solange dieser Speicherplatz nicht durch neue Daten überschrieben wurde, lässt sich die gelöschte Datei noch wiederherstellen.

Wie sicher sich endgültig gelöschte Dateien wiederherstellen lassen, hängt von verschiedenen Faktoren ab:

- Wie viel Zeit ist seit dem Löschen vergangen? Je länger das Löschdatum zurückliegt, desto wahrscheinlicher hat Windows den Speicherplatz bereits anderweitig vergeben und die Daten sind unwiederbringlich verloren.
- Wie groß ist die wiederherzustellende Datei? Die Rettungsaussichten sind bei kleinen Dateien wesentlich besser als bei großen Dateien.

- Haben Sie nach dem Löschen der Datei eine Defragmentierung gestartet? Dann sind Sektoren der gelöschten Datei womöglich verschoben worden und dann nicht mehr zu retten.

Retten Sie gelöschte Daten mit Recuva

Haben Sie wichtige Dateien aus Versehen gelöscht und den Papierkorb bereits geleert, dann kann Sie in dieser Situation das Tool **Recuva** (www.piriform.com/recuva) retten, denn es stellt Daten wieder her, die von der Festplatte gelöscht wurden.

Die Wiederherstellung funktioniert mit Medien aller Art, ob MP3-Player, USB Stick, Memory Card oder Festplatte. Dazu durchsucht das Tool nach dem Starten des Programms voreingestellt Laufwerk C:. Nach dem Durchsuchen bietet das Programm Ihnen eine Auswahl der wiederherstellbaren Dateien an.

Um gelöschte Dateien wiederherzustellen, gehen Sie wie folgt vor:

1. Folgen Sie nach dem Start dem Assistenten mit einem Klick auf **Weiter**.

2. Wählen Sie die ❶ gelöschten Dateien aus, welche Sie wiederherstellen möchten.

3. Betätigen Sie die Schaltfläche **Wiederherstellen**, um die Dateien anschließend im ❷ ausgewählten Ordner zu speichern.

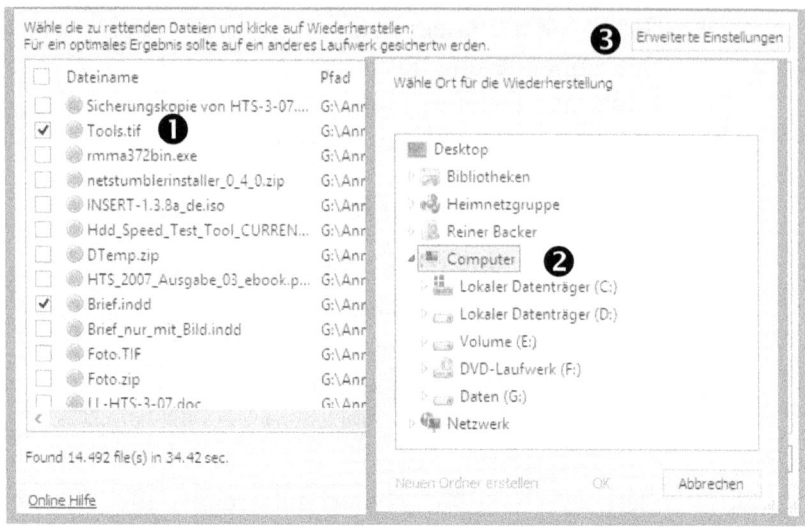

Stellen Sie gelöschte Dateien mit wenigen Mausklicks wieder her.

Tipp! Um das Laufwerk selbst auszuwählen, auf dem sich die gelöschten Dateien befinden, klicken Sie auf die ❸ Schaltfläche **Erweiterte Einstellungen**. Klicken Sie oben in der Leiste auf das entsprechende Laufwerk und auf **Scan**.

Hinweis: Installieren Sie nach einem Datenverlust kein Programm auf demselben Datenträger, wo sich die gelöschten Dateien befinden. Das Datenrettungs-Tool sollten Sie am besten schon vor der Wiederherstellung Ihrer Daten installieren. Dadurch reduzieren Sie die Gefahr, dass Daten durch die Installation des Programms selbst überschrieben werden. Denn das kann passieren, wenn Sie im Pannenfall keine zweite Festplatte bzw. kein weiteres logisches Laufwerk zur Verfügung haben.

Setzen Sie im Notfall einen 2. Datenretter ein

Sollte **Recuva** die gelöschte Datei nicht anzeigen, sollten
Sie das Tool **Directory Snoop**
(www.briggsoft.com/dsnoop.htm) einsetzen. Das Rettungs-
Programm stellt wie **Recuva** Daten wieder her, die von der
Festplatte gelöscht wurden - sei es irrtümlich oder infolge
eines Virenbefalls, einer Deinstallations-Routine oder
fehlerhafter Software.

Das Tool kann NTFS- und FAT-Dateisysteme bearbeiten.
In NTFS sind die meisten Windows-Laufwerke formatiert.
Das FAT-Dateisystem ist auf USB-Sticks bzw.
Einsteckkarten für Digitalkameras üblich. Im
nachfolgenden Beispiel soll eine Datei gerettet werden, die
versehentlich auf einem Windows-Laufwerk (NTFS)
gelöscht wurde. Um die Daten mit diesem Programm zu
rekonstruieren, gehen Sie wie folgt vor:

1. Doppelklicken Sie auf das Desktop-Symbol **DS-NTFS**
oder aktivieren Sie das Programm über die Startseite durch
einen Klick auf **NTFS Modules**.

2. Klicken Sie auf **OK**, damit können Sie das Programm 25-
mal kostenlos benutzen.

3. Wählen Sie das ❶ Laufwerk aus, auf dem sich Ihre
gelöschten Dateien befinden. Installieren Sie dafür ggf. im
nächsten Fenster den angebotenen Treiber.

4. Doppelklicken Sie auf den Ordner, der die gelöschten
Dateien enthält. Alle gelöschten Dateien werden in roter
Farbe angezeigt.

5. Um die Dateien wiederherzustellen, ❷ markieren Sie diese und klicken auf die ❸ Schaltfläche **Undelete**.

6. Wählen Sie den Ordner aus, in dem die ausgewählten Dateien gespeichert werden sollen, und klicken Sie auf **Speichern**.

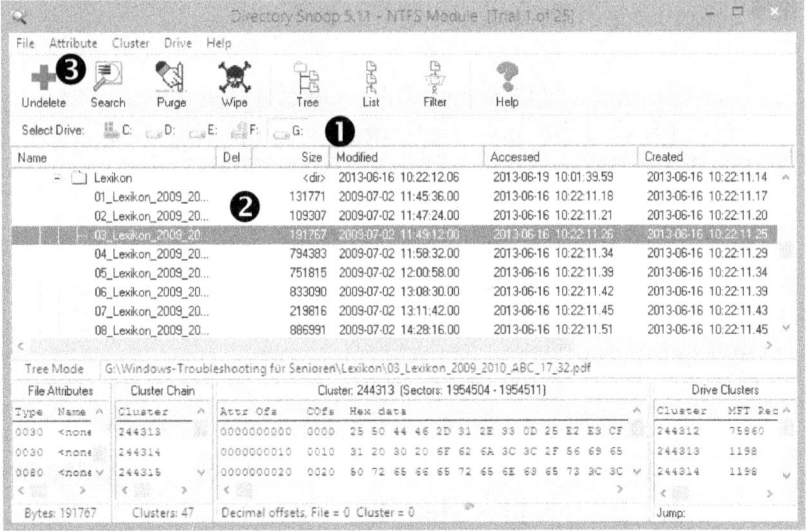

Setzen Sie im Notfall einen 2. Datenretter ein.

Wie Sie mit TestDisk eine Partition wiederherstellen

Wenn ein logisches Laufwerk nach einem Systemcrash oder durch einen Virus plötzlich nicht mehr angezeigt wird, stellen Sie es mit **TestDisk** (www.cgsecurity.org) wie folgt wieder her:

1. Klicken Sie auf **Create** und drücken Sie <**Return**>.

2. Wählen Sie die ❶ Festplatte mit der verlorenen Partition aus und drücken Sie <**Return**>.

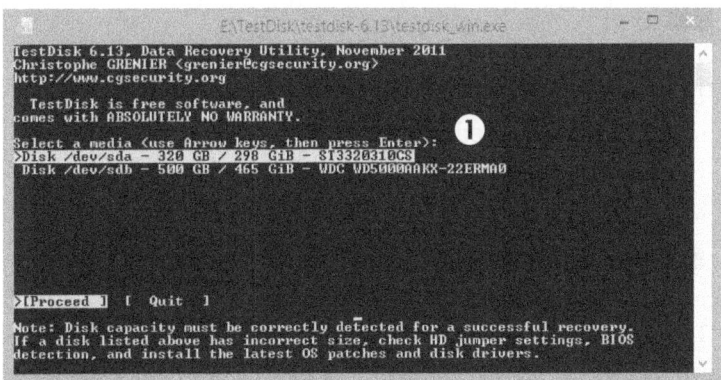

Markieren Sie die betreffende Festplatte durch Drücken der Pfeiltasten.

Hinweis: Da das Tool OpenSource ist und daher nicht nur für Windows entwickelt wird, werden die Festplattenbezeichnungen entsprechend der Linux-Darstellung angezeigt. Die erste Festplatte wird mit **sda** bezeichnet, die zweite mit **sdb** usw.

3. Wählen Sie im zweiten Schritt die Rechnerarchitektur aus. Wenn Sie einen Windows-Rechner einsetzen, behalten Sie die voreingestellte Option **Intel** bei und drücken <**Return**>.

4. Drücken Sie erneut <**Return**>, um die Option **Analyse** auszuwählen.

5. Anschließend drücken Sie wieder <**Return**>, um das nächste Bildschirm-Menü anzuzeigen.

6. Drücken Sie die Taste <**Y**>. Anschließend werden Ihnen alle ❷ gefundenen Partitionen und logischen Laufwerke auf der betreffenden Festplatte angezeigt, auch die gelöschten. Das reicht bei Fehlern im MBR und der Partitionstabelle oft schon aus, um die Partition bzw. das logische Laufwerk wiederherzustellen.

Wird die gelöschte Partition bzw. das logische Laufwerk hier angezeigt, wird es automatisch wiederhergestellt.

7. Wechseln Sie mit einem Druck auf <**Q**> für **Quit** in die Übersicht. Wählen Sie durch das Drücken der Pfeiltaste nach rechts die Option **Write** aus und drücken Sie <**Return**>.

8. Bestätigen Sie den Sicherheitshinweis, dass die Partitionstabelle neu geschrieben wird, mit <**Y**>.

9. Anschließend wählen Sie zweimal hintereinander die Option **Quit** aus und starten Ihr System neu. Die gelöschte Partition ist dann wiederhergestellt.

Schützen Sie sich gegen den Daten-GAU bei unlesbaren CDs/DVDs

Auch an digitalen Datenträger wie DVDs und CDs nagt irgendwann der Zahn der Zeit, was dazu führt, dass diese nur noch teilweise oder gar nicht mehr gelesen werden können. Aber nicht nur materialbedingte Alterung, sondern auch falsche Lagerung und unsachgemäßer bzw. starker Gebrauch können dazu beitragen, dass Sie plötzlich nicht mehr auf Ihre auf CD/DVD gespeicherten Daten zugreifen können. Wenn Sie schon vor dem Auftreten derartiger Schäden auf Nummer sicher gehen möchten, sollten Sie mit dem **dvdisaster** (http://dvdisaster.net/en/index.html) eine Fehlerkorrekturdatei anlegen. Mit dieser können Sie Ihre wertvollen Daten im Schadensfall ruckzuck rekonstruieren und auf einem neuen Datenträger sichern.

Die Fehlerkorrekturdatei können Sie getrennt vom jeweiligen Datenträger aufbewahren oder mit auf den entsprechenden Rohling brennen. Anhand dieser Zusatzinformationen kann **dvdisaster** in den meisten Fällen die Daten von defekten CDs/DVDs wiederherstellen. Ausgenommen sind Video-CD/DVDs, diese können mit dem Tool nicht gerettet werden.

Um mit **dvdisaster** eine Fehlerkorrekturdatei anzulegen, gehen Sie folgendermaßen vor:

1. Legen Sie nach dem Start des Programms die CD/DVD in das Laufwerk ein, von der Sie eine Fehlerkorrekturdatei erstellen wollen.

2. Wählen Sie ❶ hier das Laufwerk aus, das die CD/DVD enthält.

3. Klicken Sie auf diese ❷ Schaltfläche, um den Ordner für die Fehlerkorrekturdatei auszuwählen. Sie können es aber auch hier bei den Standardeinstellungen belassen.

4. Klicken Sie dann auf die ❸ Schaltfläche **Lesen**, um eine Image-Datei von der CD/DVD anzulegen.

5. Ob das Auslesen der Daten erfolgreich war, wird Ihnen ❹ hier angezeigt. Ist alles im „grünen Bereich", dann konnte die CD/DVD vollständig gelesen werden. Rote Markierungen zeigen Ihnen Schäden an der CD/DVD an.

6. Klicken Sie nun auf ❺ **Erzeugen**, um die Fehlerkorrekturdatei anzulegen.

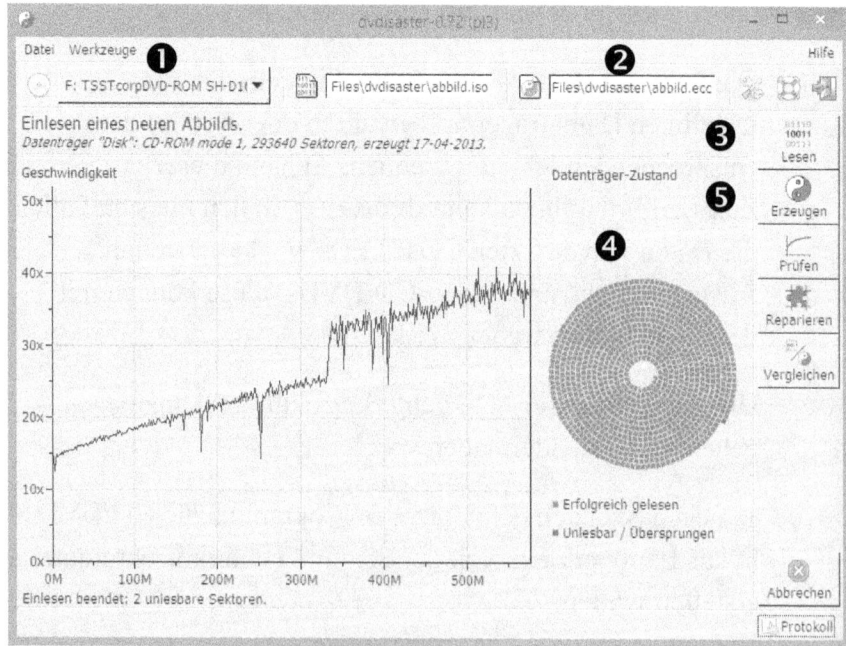

Erstellen Sie eine Fehlerkorrekturdatei – bevor ein Schaden an der CD/DVD auftritt.

7. Anschließend werden Sie über den Fortschritt der Aktion informiert.

Tipp! Die Fehlerkorrekturdatei benötigt ungefähr 15 % des Speicherplatzes der Originaldatei, also bei einer CD um die 100 MByte und bei einer DVD zirka 700 MByte. Diese Größenordnung ist natürlich nicht unerheblich, lohnt sich aber bei wichtigen Daten auf jeden Fall.

So stellen Sie die beschädigten CD/DVD im Fehlerfall wieder her:

Im Fehlerfall erstellen Sie mithilfe der Fehlerkorrekturdatei und der beschädigten CD/DVD dann eine korrekte Image-Datei, die Sie anschließend auf CD/DVD brennen können:

1. Falls die Wiederherstellung notwendig wird, legen Sie die beschädigte CD/DVD ein und wählen ggf. den Speicherort und den Namen der Fehlerkorrekturdatei aus.

2. Klicken Sie auf ❻ **Reparieren**. Das Tool versucht nun, so viele Daten wie möglich zu erkennen.

3. Verfolgen Sie den Fortschritt der Wiederherstellung. Während der Wiederherstellung sind Phasen hoher Festplattenaktivität normal. Wenn die Image-Datei erfolgreich wiederhergestellt wurde, können Sie diese auf einen CD-/DVD-Rohling brennen.

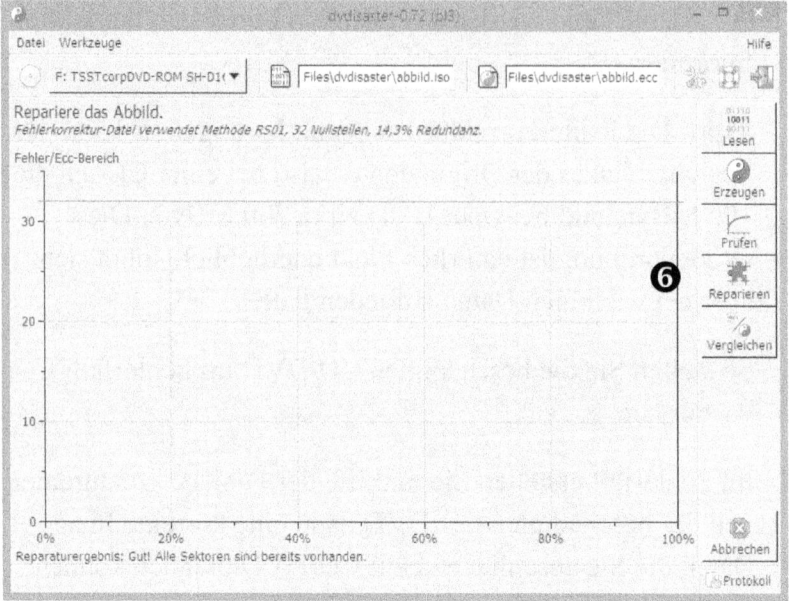

Stellen Sie beschädigte CDs/DVDs mit nur einem Mausklick wieder her.

Tipp! Selbst ohne vorbeugende Anlage einer Fehlerkorrekturdatei kann **dvdisaster** die Daten einer defekten CD/DVD oftmals zumindest noch teilweise retten. Anhand eines speziellen Algorithmus versucht das Programm in solch einem Fall, so viele Daten wie möglich von einem defekten Datenträger zu lesen. Nicht mehr lesbare Sektoren sind in solch einem Fall allerdings verloren.

Außerdem lohnt es sich bei leicht beschädigten CDs/ DVDs immer, diese in verschiedenen Laufwerken auszutesten, bevor Sie endgültig im Papierkorb landet. Denn wichtig für das korrekte Einlesen eines Datenträgers sind auch die Fehlerkorrekturqualitäten des jeweiligen Laufwerks.

Manche Laufwerke kommen mit Kratzern gut zurecht. Andere sind Spezialisten darin, schlecht gebrannte Medien zu entziffern, und wieder andere verstehen sich besonders gut auf beschädigte Audio-CDs. Oft ist es auch wesentlich effizienter, Brennerlaufwerke zu verwenden statt reine Lesegeräte. Den Brennerlaufwerke habe eine bessere Fehlerkorrektur und können so manche beschädigte CD/DVD doch noch lesen. Es lohnt sich in der Regel auf jeden Fall, alle zur Verfügung stehenden Laufwerke durchprobieren.

Erst wenn Sie alle Möglichkeiten ausgeschöpft haben, um die Daten auf einer beschädigten CD/DVD zu retten, sollten Sie daran gehen, die CD/DVD zu putzen und zu polieren. Denn dabei besteht immer die Gefahr, neue Schäden zu verursachen.

Hinweis: Beachten Sie generell, dass CD-/DVD-Rohlinge erheblich empfindlicher als Originalmedien aus dem Presswerk sind. Lassen Sie daher Ihre „Selbstgebrannten" niemals längere Zeit offen im Sonnenlicht herumliegen und legen Sie die Medien nicht auf der empfindlichen Schreib-/Leseseite ab.

Retten Sie Ihre archivierten Daten von beschädigten CDs/DVDs

Nicht nur Kratzer führen dazu, dass sich DVDs und CDs irgendwann nicht mehr fehlerfrei auslesen lassen. Auch der Zahn der Zeit nagt an den Medien. Treten dann irgendwann Lesefehler auf, gilt es, einen kühlen Kopf zu bewahren. Mit ein paar Tricks und dem Rettungs-Tool **IsoBuster** (www.isobuster.com/de/isobusterdownload.php) haben Sie gute Chancen, verlorene Datenschätze zu bergen.

Im Gegensatz zu Windows bricht **IsoBuster** nicht bei jedem gefundenen Kratzer den Lesevorgang einfach ab. Mit diesem Tool können Sie daher die noch lesbaren Dateien auf einer beschädigten CD/DVD finden und auf Ihrer Festplatte speichern.

Seit Längerem ist das Tool leider keine Freeware mehr. Funktionen, die schon vor der Version 1.0 eingebaut waren, sind allerdings auch unregistriert weiter unbegrenzt nutzbar. Wenn Ihnen das reicht, klicken Sie bei der Frage nach der Registrierung einfach auf die Schaltfläche **Später erinnern**.

Und so retten Sie mit **IsoBuster** Ihre wertvollen Daten von einer beschädigten CD/DVD:

1. Legen Sie die CD/DVD in das entsprechende Laufwerk ein.

2. Warten Sie ab, bis der Inhalt des Mediums eingelesen wurde und anzeigt wird.

3. Wenn Sie die Verzeichnisse und Dateien sehen, die Sie retten wollen, wählen Sie die ❶ Daten aus und aktivieren Sie das Kontextmenü mit einem Klick mit der rechten Maustaste. Klicken Sie dann im Kontextmenü auf den ❷ **Extrahieren**-Eintrag.

4. Geben Sie den Ordner an, in dem Sie die Datei/das Verzeichnis speichern wollen, und klicken Sie auf **OK**. Damit ist die ausgewählte Datei bzw. das Verzeichnis wiederhergestellt.

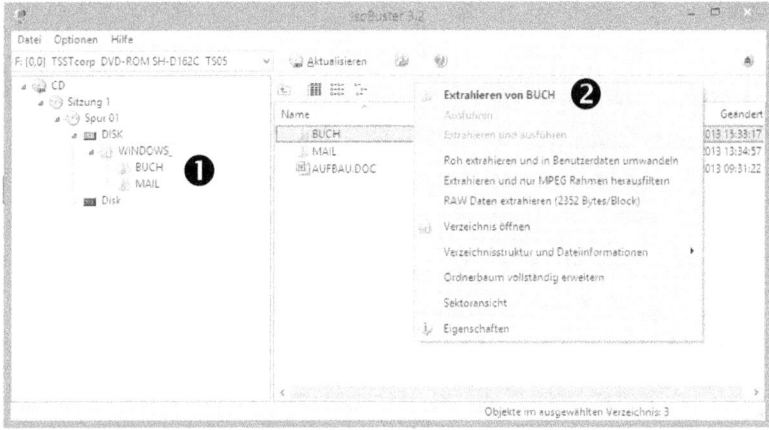

Stellen Sie mit diesem Tool verloren geglaubte Daten wieder her.

Tipp! Wenn Sie die zu rettenden Dateien nicht sehen können, ist meistens das Inhaltsverzeichnis der CD/DVD defekt. Sie sehen dann beispielsweise nur einzelne Sessions mit einen oder mehreren Tracks, aber keine Dateien. In diesem Fall sollten Sie die Such-Funktion verwenden.

So suchen Sie nach verlorenen Dateien und Ordnern:

1. Klicken Sie mit der rechten Maustaste auf die Session, in der die Daten gespeichert waren. Üblicherweise handelt es sich dabei um die letzte oder gar einzige Session, beispielsweise auf einem RW-Medium.

2. Wählen Sie aus dem Kontextmenü den ❸ Eintrag **Verlorene Dateien und Ordner suchen**.

3. Anschließend fragt das Tool, ob von einer IBP-Image-Datei erstellt werden soll. Beantworten Sie die Frage mit einem Klick auf ❹ **Ja**.

Tipp! Bei schlechten oder beschädigten Medien, die schwer zu lesen sind, kann die Analyse sehr lange dauern. Durch das Erzeugen einer IBP-Image-Datei lassen Sie alle Daten in eine spezielle Datei auf Ihrer Festplatte oder im Netzwerk übertragen. Dieser Vorgang lohnt sich, da danach die Zugriffszeiten bis zu hundertmal schneller sind als die auf die CD/DVD.

Auch wenn Dateien und Ordner zuerst nicht angezeigt werden, kann dieses Tool sie oft doch noch retten.

4. Wurde der Analyseprozess abgeschlossen, hat das Tool mit etwas Glück verlorene und/oder gelöschte Dateien und Ordner gefunden.

5. Klicken Sie die betreffende Datei oder den betreffenden Order mit der rechten Maustaste an und speichern Sie diese/diesen mit einem Klick auf **Extrahieren** auf Ihre Festplatte.

Tipp! Um mehrere Dateien/Ordner auf einmal zu extrahieren, halten Sie – wie bei Windows üblich – die Taste <**Shift**> gedrückt und klicken Sie dann auf den ersten sowie auf den letzten Datei-/Ordnereintrag. Um mehrere nicht aufeinanderfolgende Dateien zu markieren, halten Sie beim Markieren die Taste <**Strg**> gedrückt.

Lassen Sie sich vor drohenden Festplattenstörungen warnen

Fällt Ihre Festplatte plötzlich aus, gehen meist unwiderruflich Daten verloren. Regelmäßiges Sichern Ihrer Daten ist hier das Mittel der Wahl. Zumindest die nach der letzten Sicherung neu hinzugekommenen Daten sind nach einem Festplatten-Crash jedoch häufig für immer verloren. Lediglich Spezialunternehmen können Ihre Daten dann noch retten: für sehr viel Geld.

Damit genau dieser Fall nicht eintritt, haben die Hersteller mit S.M.A.R.T. ein Frühwarnsystem entwickelt, das Sie mit einem Programm wie **CrystalDiskInfo** (http://crystalmark.info/?lang=en) auslesen können.

1. Das Programm bewertet den Gesundheitszustand Ihrer Festplatte. Im Beispiel ❶ warnt das Tool vor Fehlern.

2. Unterhalb bekommen Sie die ❷ Temperatur der Festplatte angezeigt.

3. Beachten Sie die ❸ S.M.A.R.T.-Attribute im unteren Bereich. Diese geben Auskunft über den Gesundheitszustand der Festlatte.

Nähere Informationen über den Gesundheitszustand Ihrer Festplatte bekommen Sie im unteren Bereich über die S.M.A.R.T.-Attribute angezeigt.

4. Ob ein S.M.A.R.T.-Parameter konkreten Grund zur Sorge gibt, lässt sich aus den Spalten **Aktueller Wert**, **Schlechtester Wert** und **Grenzwert** ablesen.

5. Bis auf wenige Ausnahmen gilt hier: Je höher der Wert in der Spalte **Aktueller Wert** ausfällt, desto besser ist es um den jeweiligen Parameter beziehungsweise um die „Fitness" der Festplatte bestellt. Die Spalte **Schlechtester Wert** protokolliert jeweils den schlechtesten zur Laufzeit der Platte ermittelten Messwert.

6. Die Spalte **Grenzwert** nennt Ihnen den unteren Grenzwert.

Hinweis: Liegen **Schlechtester Wert-** und **Grenzwert-**Werte dicht beieinander, ist es um den Zustand Ihrer Festplatte nicht gut bestellt.

7. Manche der S.M.A.R.T.-Attribute warnen Sie schon lange vor einem drohenden Ausfall der Festplatte. Diese finden Sie nachfolgend vorgestellt.

8. Ein ❹ blauer Punkt signalisiert alles OK.

9. Ein ❺ gelber oder roter Punkt warnt Sie vor einem möglichen Festplattenfehler.

❹ ID	Parametername	Aktueller...	Schlecht...	Grenzwert
01	Lesefehlerrate	117	98	6
03	Beschleunigungszeit	96	95	0
04	Start/Stop des Spindels	100	100	20
0❺	Wiederzugewiesene Sektoren	100	100	36
07	Suchfehlerrate	78	60	30
09	Eingeschaltete Stunden	73	73	0
0A	Drehwiederholungen	100	100	97
0C	Anzahl der Einschaltungen	100	37	20
B8	Ende-zu-Ende Fehler	100	100	99
BB	Gemeldete unkorrigierbare Fehler	100	100	0

Analysieren Sie die S.M.A.R.T.-Attribute und schützen Sie sich so vor einem drohenden Ausfall der Festplatte.

Hinweis: S.M.A.R.T.-Attribute stehen nur für direkt an das Motherboard, nicht aber per USB angeschlossene Festplatten zur Verfügung.

Nachfolgend die wichtigsten S.M.A.R.T.-Attribute:

S.M.A.R.T.-Attribut	Gefahr	Beschreibung
Aktuell schwebende Sektoren	Ja	Wenn beim Schreiben der Daten ein Fehler auftritt, wird der betroffene Sektor markiert und überwacht – er ist dann sozusagen „schwebend". Wiederholt sich der Fehler beim nächsten Schreibversuch nicht, wird der Sektor wieder normal verwendet.
Anzahl ausstehender Sektoren	Nein	Anzahl der Sektoren, die auf eine Neuzuweisung warten.
Eingeschaltete Stunden	Nein	Anzahl der Stunden im eingeschalteten Zustand.
Einschaltvorgänge	Nein	Anzahl der Einschaltvorgänge.
Lesefehlerrate	Ja	Gibt Aufschluss über die Häufigkeit von Lesefehlern. Bei Werten nahe dem Grenzwert ist höchste Vorsicht geboten. Ein von Null verschiedener Wert deutet auf ein Problem mit der Plattenoberfläche oder den Schreib-/Leseköpfen hin.
Schreib-fehlerrate	Ja	Anzahl der Fehler beim Schreiben. Werte größer Null signalisieren ein Problem mit der Festplattenoberfläche. Der Datenträger sollte mit dem Support-

		Tool des Herstellers überprüft werden. Meldet das Hersteller-Tool einen Festplattendefekt, sollte die Festplatte ausgetauscht werden.
Start/Stopp des Spindels	Nein	Anzahl der Start-/Stop-Vorgänge eines Laufwerks (auch Standby). Deutet auf Abnutzung hin, da dieser Vorgang Festplatten am stärksten belastet.
Startzeit	Ja	Durchschnitt der Startzeit in Sekunden. Werte nahe dem Grenzwert deuten auf einen drohenden Ausfall des Spindelmotors oder auf einen Lagerschaden hin.
Suchfehlerrate	Ja	Positionierungsfehler der Festplattenköpfe. Hohe Werte sind ein Indikator für Beschädigungen der Stellmechanik, des Servo-Motors oder für eine Überhitzung des Laufwerks.
Temperatur	Ja	Temperatur des Laufwerks in Grad Celsius. Die zulässige Betriebstemperatur liegt meist im Bereich von 30 bis 40 Grad Celsius. Jedes Grad mehr erhöht die Ausfallwahrscheinlichkeit um zwei bis drei Prozent. **Hinweis**: Wird Ihre Festplatte wärmer als 50 Grad,

		sollten Sie einen Festplattenkühler installieren und/oder nach Möglichkeit einen anderen Einbauplatz wählen.
UltraDMA CRC-Fehlerrate	Nein	Anzahl der aufgetretenen CRC-Fehler. Ursache können defekte Kabel, verschmutzte Kontakte oder fehlerhafte Festplattentreiber sein.
Unkorrigier-bare Sektoren	Ja	Die Gesamtzahl von nicht korrigierbaren Fehlern beim Lesen oder Schreiben eines Sektors. Ein Anwachsen dieses Wertes könnte auf einen Defekt der Plattenoberfläche oder auf mechanische Probleme hinweisen.
Wiederzuge-wiesene Sektoren	Ja	Stellt die Festplatten-Firmware fest, dass Sektoren beschädigt sind, lagert sie die Daten in Reservesektoren aus. Ein Wert nahe dem Grenzwert deutet darauf hin, dass der Festplatte die Reservesektoren ausgehen.

Hinweis: Die Zahl der protokollierten S.M.A.R.T.-Attribute fällt von Hersteller zu Hersteller der Festplatten unterschiedlich aus und schwankt zwischen 15 Attributen bei einigen Western-Digital-Festplattenmodellen bis hin zu 20 und mehr Attributen wie beispielsweise bei Notebookplatten von Fujitsu.

Der angegebene Grenzwert mit **0** ist nicht aussagekräftig und kann vernachlässigt werden.

Ermitteln Sie Fehler im Dateisystem

Sollten Sie Fehlermeldungen angezeigt bekommen, die das Dateisystem betreffen, sollten Sie die Dateisystemüberprüfung von Windows aktivieren. Zusätzlich sollten Sie mi dem Festplatten-Dienstprogramm **HD Tune** (www.hdtune.com) Ihre Festplatte untersuchen. SSD- Festplatten werden ebenfalls unterstützt.

Das Tool zeigt Ihnen Infos zu Partitionen, Firmware-Version, Seriennummer, Speicherplatz, Transferrate, Zugriffszeit, CPU-Auslastung, Burst-Rate, S.M.A.R.T.-Informationen, Partitionsinformationen, Firmware-Version, Seriennummer, Kapazität, Buffer-Größe, Transfer-Mode und Festplattentemperatur.

1. Über das ❶ Register **Benchmark** und einen Klick auf **Start** prüft das Tool die Leistungsfähigkeit Ihrer Festplatte. Außerdem zeigt das Programm rechts in der Taskleiste die Temperatur an.

2. Zusätzlichen Aufschluss über die Lesegeschwindigkeit Ihrer Festplatte gibt Ihnen die Anzeige **Transfer Rate**. Aktuelle Festplatten sollten eine maximale ❷ Datenübertragungsrate von 100 MByte/sec leisten.

3. Klicken Sie auf **Stop**, um als Nächstes einen Fehlertest zu starten.

4. Um nach Fehlern auf Ihrer Festplatte zu suchen, klicken Sie auf das ❸ Register **Error Scan** und anschließend auf

die Schaltfläche **Start**. Sollte das Tool einen fehlerhaften Sektor finden, wird dieser rot gekennzeichnet. Ist alles in Ordnung, wird der Sektor grün markiert.

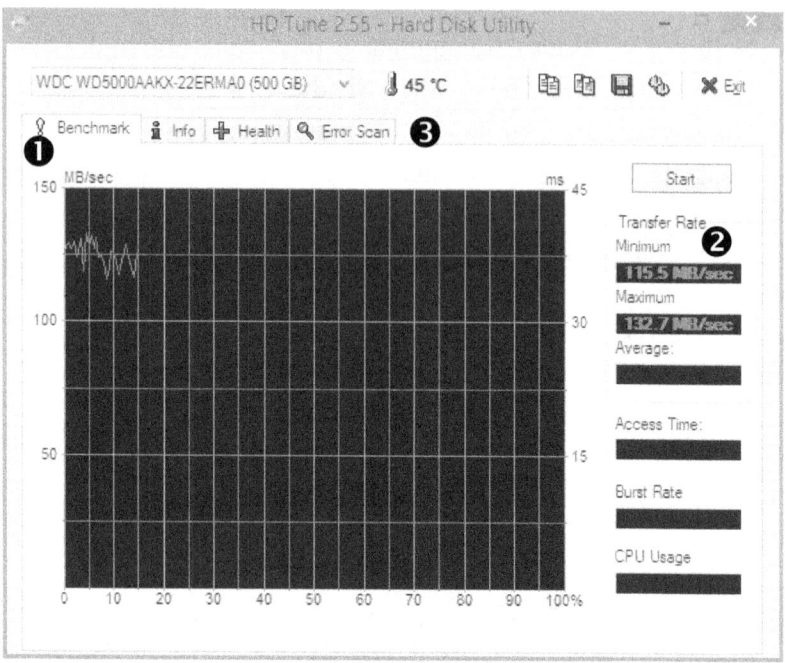

Analysieren Sie die Leistungsfähigkeit Ihrer Festplatte.

Analysieren und testen Sie Ihr System mit dem PC Wizard

Mit dem **PC Wizard** (www.cpuid.com) können Sie Ihr System analysieren und erhalten ausführliche Informationen über Ihre Hardware, die installierte Software und andere Komponenten, von Motherboard über Chipset, BIOS und Peripherie bis zum Netzwerk.

Zusätzlich können Sie mit diesem Tool die Stabilität und Geschwindigkeit Ihrer Hardware-Komponenten ausgiebig prüfen. Um beispielsweise Ihren Arbeitsspeicher zu testen, klicken Sie auf ❶ **Benchmark** und anschließend auf das ❷ Symbol **MEM**.

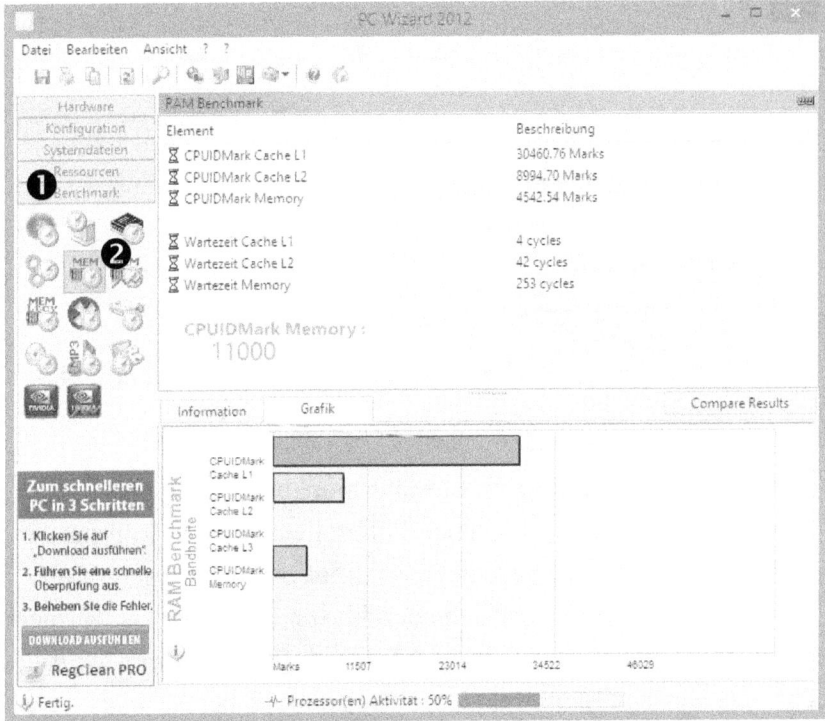

Das Tool zeigt Ihnen alle Infos zu Ihrer Hardware, führt Benchmark-Tests durch und vieles mehr.

Tipp! Das Tool bietet Ihnen unter dem Register **Hardware** außerdem eine gute ❸ Temperaturüberwachung für CPU, Motherboard und Festplatte.

Messen Sie die Temperatur und Spannungen mit diesem ausgezeichneten Analyse-Tool.

Gerade in den warmen Sommermonaten häufen sich Systemabstürze. In solchen Fällen liegt dann fast immer ein Hitzeproblem vor. Denn wenn draußen die Temperaturen steigen, wird es natürlich auch im Innern Ihres PCs wärmer. Werden CPU, Grafikkarte oder Festplatte zu warm, wird das System instabil und Abstürze sind an der Tagesordnung. In diesem Fall sollten Sie die Temperatur Ihrer CPU, Grafikkarte und Festplatte prüfen.

Alle aktuellen Motherboards und Festplatten sind dafür mit Messfühlern bestückt, die von Analyseprogrammen wie **PC Wizard** ausgelesen werden können:

1. Klicken Sie zum Auslesen der Werte auf das ❹ Symbol **Spannung, Temperatur und Lüfter**.

2. Das Tool bietet Ihnen eine genaue ❺ Temperaturüberwachung für CPU, Motherboard und Festplatte. Bei
sporadischen Systemabstürzen sollten Sie damit zuerst die
Temperatur Ihrer Hardware kontrollieren.

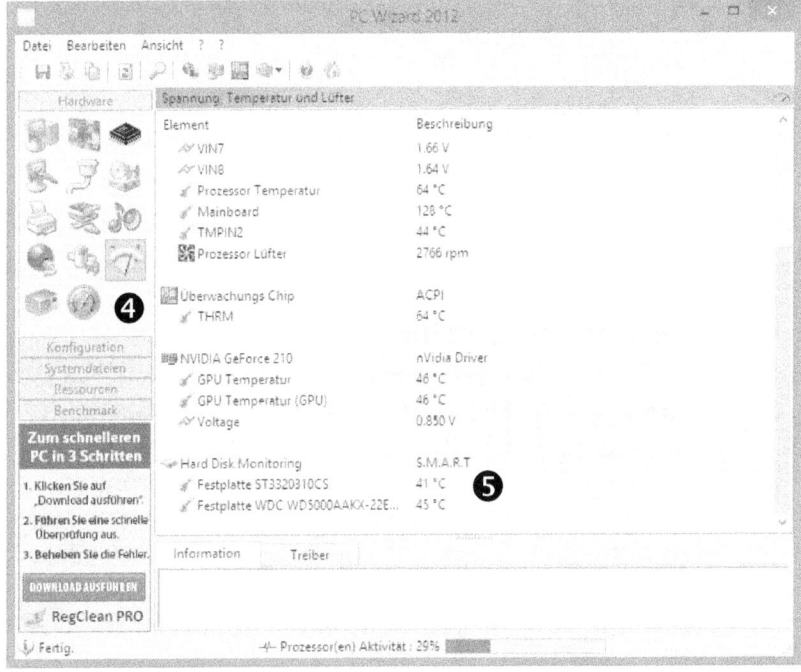

Das Tool zeigt Ihnen alle Infos zu Ihrer Hardware an,
macht Benchmark-Tests und vieles mehr.

Ab dieser Temperatur wird es kritisch im System:

- **CPU-Temperatur**: Wie warm eine CPU werden
  darf, hängt vom jeweiligen Fabrikat ab. Intel-CPUs
  bleiben beispielsweise meist etwas kühler als
  Prozessoren von AMD.
- **Festplatten-Temperatur**: Eine Temperatur von 40
  Grad ist normal. Wird Ihre Festplatte allerdings

wärmer als 50 Grad, sollten Sie einen Festplattenkühler installieren.

- **GPU-Temperatur**: Grafikkarten überhitzen sich im 2D-Modus (z. B. bei Office-Anwendungen) so gut wie nie und erreichen dort nur eine Temperatur von 40 Grad. Erst beim Einsatz aufwändiger 3D-Anwendungen steigt die Temperatur. Grafikkarten werden unter Volllast um die 80 Grad heiß, einige sogar um die 100 Grad. Bei Temperaturen über 80 Grad ist es dringend erforderlich, die Kühlung zu verbessern.

- **Motherboard-Temperatur**: Eine Temperatur des Chipsatzes von etwa 35 bis 40 Grad ist normal. Auch bei einem Wert von 50 Grad gibt es noch keinen Grund zur Beunruhigung. Wird das Motherboard aber wärmer als 50 Grad, kann das zur Instabilität Ihres Systems führen. Die Temperatur steigt mit der Belastung des Systems. Deshalb sollten Sie die Temperatur auch dann überprüfen, wenn Sie einen Benchmark-Test laufen lassen oder eine aufwändige 3D-Anwendung im Einsatz haben.

Decken Sie den Flaschenhals im System auf

Wenn Sie auf der Suche nach einem hervorragenden Systemanalyseprogramm für Ihren PC oder Ihr Netzwerk sind, probieren Sie am besten **SiSoft Sandra Lite** (www.sisoftware.net) aus.

Dieses Tool bietet Ihnen über 60 Funktionen, mit denen Sie Ihr System ganz fix durchchecken können.

1. Im Register **Werkzeuge** finden Sie unter anderem Funktionen, um Ihr System einem ❶ **Burn-in-Test** zu unterziehen und einen Bericht zu erzeugen. Mit dem **Burn-in-Test** testen Sie Ihr System unter hoher Belastung.

2. Um beispielsweise die Leistung Ihres Systems zu verbessern, können Sie den Leistungssteigerungs-Assistenten aktivieren. Doppelklicken Sie dazu auf das ❷ Symbol **Analyse und Hinweise zur Leistungsver-besserung**. Mit dieser Funktion decken Sie einen möglichen Flaschenhals im System auf.

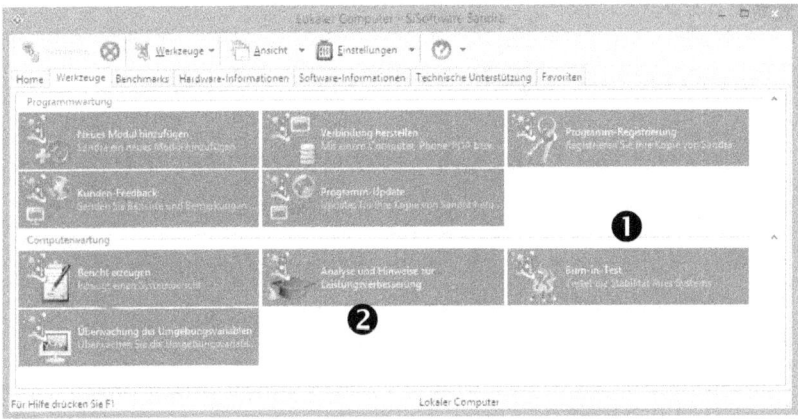

Das Tool bietet gute Tests, um Leistungsbremsen zu analysieren.

3. Klicken Sie dann viermal auf die Schaltfläche **Weiter** und abschließend auf die Schaltfläche **OK**.

4. Beachten Sie dabei besonders die Warnungen und Fehlerhinweise. Über diese können Sie so manche Schwachstelle in Ihrem System aufdecken und ausschalten.

5. Über das Register **Benchmarks** haben Sie Zugriff auf eine Vielzahl von Leistungstests.

6. Wenn Sie Details zu Ihren Komponenten wie Motherboard, Prozessor, Netzwerk benötigen, klicken Sie

auf das Register **Hardware-Informationen**. Doppelklicken Sie dann auf die gewünschte Komponente.

7. Das Register **Software-Informationen** liefert Ihnen Informationen über die installierten Programme sowie die laufenden Prozesse und Dienste.

Tipp! Nähere Informationen über die einzelnen Module erhalten Sie über die detaillierte Online-Hilfe (<**F1**>) oder die Kontext-Hilfe (<**Shift**>+<**F1**>).

Datenrettung und Virenbeseitigung mit Rettungs-CD

Sicher haben auch Sie schon die leidvolle Erfahrung eines plötzlichen System-Totalausfalls und damit häufig einhergehendem Datenverlust gemacht. Um dann noch retten zu können, was zu retten ist, sollten Sie stets eine bootfähige Notfall-CD zur Hand haben.

Setzen Sie die Dr.Web LiveCD ein

Wenn Ihr PC wegen Malware nicht starten kann, können Sie die Funktionsfähigkeit des infizierten Systems mit der ❶ **Dr.Web LiveCD** (www.freedrweb.com/livecd) schnell wiederherstellen.

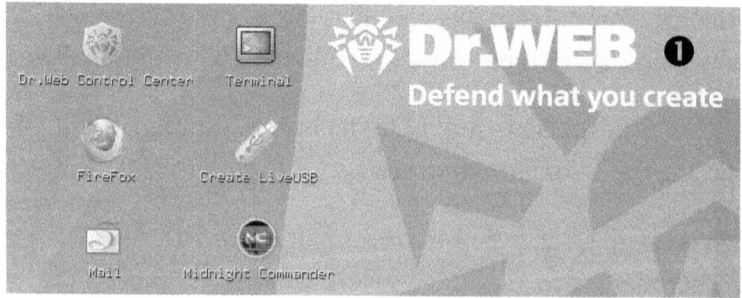

Testen Sie mit dieser CD den RAM, entfernen Sie Viren.

Aktivieren Sie den Virenscanner

Die CD hilft Ihnen, Ihr System von infizierten und verdächtigen Dateien zu befreien. Nach der Auswahl der Option **Dr.Web LiveCD (Default)** startet voreingestellt der Virenscanner von Dr.Web.

1. Vorausgesetzt, es besteht eine Internetverbindung, wird die Virensignatur automatisch aktualisiert.

2. Klicken Sie auf das ❷ Register **Scanner**, um den Scan-Modus auszuwählen.

3. Klicken Sie auf ❸ **Full scan** (empfohlen), wenn Sie das gesamte System auf Virenbefall untersuchen möchten.

4. Klicken Sie auf **Custom scan**, wenn Sie einzelne Dateien oder Ordner untersuchen möchten.

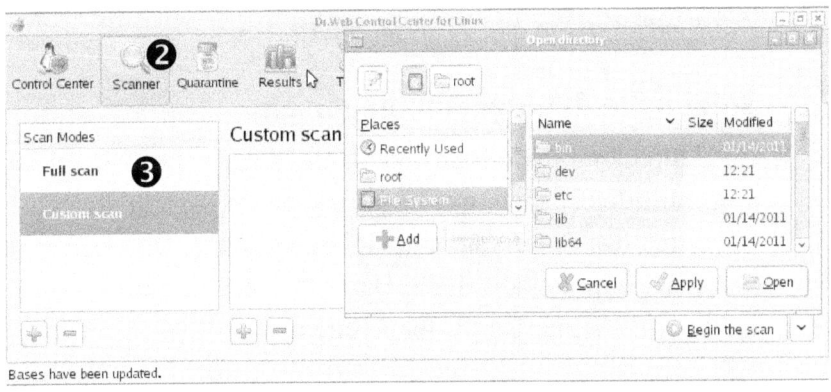

*Wählen Sie am besten **Full scan** und untersuchen Sie so bei Virenverdacht das gesamte System.*

5. Starten Sie den Virenscan durch einen Klick auf **Begin the scan**.

Tipp! Über **Tools** – **Settings** können Sie einstellen, wie der Scanner infizierte Dateien behandeln soll. Sollte ein Virus erkannt werden, können Sie diesen über einen Klick auf ❹ **Cure** (Reparieren) oder **Delete** (Löschen) entfernen.

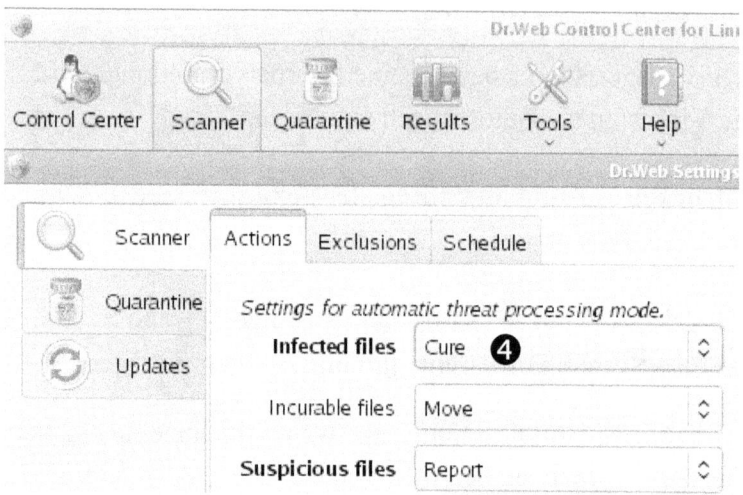

Konfigurieren Sie den Virenscanner.

Setzen Sie den Dateimanager ein

Im Hauptmenü finden Sie den Dateimanager. Der **Midnight Commander** besitzt zwei unabhängige Fenster, in denen Sie durch das Dateisystem navigieren können. Damit können Sie im Fehlerfall die Daten von der Festplatte des havarierten Windows-Systems retten.

1. Mit der Taste <**Einfg**> können Sie Dateien markieren. Markierte Dateien können Sie mit der Taste <**F8**> löschen. <**F5**> kopiert Dateien in das aktuelle Verzeichnis des jeweils anderen Fensters, welches Sie mit der <Tabulator>-Taste aktivieren. Verschieben können Sie die Dateien mit der Taste <**F6**>.

2. Die mit einem vorangestellten ❺ Slash („/")
gekennzeichneten Einträge sind Verzeichnisse. In diese
wechseln Sie einfach durch Auswahl und Drücken von
<Return>.

3. Eine Verzeichnisebene höher gelangen Sie durch
Auswahl von **/**...

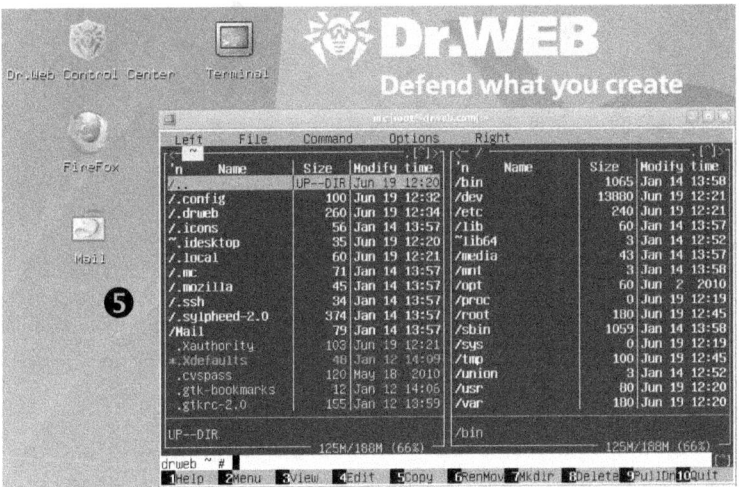

*Mit dem Dateimanager haben Sie Ihre Dateien und Ordner
im Griff.*

Überprüfen Sie den Arbeitsspeicher

Wenn Ihr System trotz ausreichender Kühlung öfter
abstürzt, könnte dies durch einen Fehler im Arbeitsspeicher
verursacht werden. Um Ihre Speicherbausteine auf
Funktionstüchtigkeit zu prüfen, setzen Sie am besten den
integrierten Speichertest ein.

1. Wählen Sie nach dem Start der CD den Menüpunkt ❻
Testing Memory und drücken Sie **<Return>**.

2. Starten Sie den RAM-Test und überprüfen Sie den Arbeitsspeicher auf Fehler. Lassen Sie den Test mindestens eine Stunde laufen.

3. Um den Speichertest zu beenden, drücken Sie <**Esc**>.

```
    Welcome to Dr.Web LiveCD

 Dr.Web LiveCD (Default)
 Dr.Web LiveCD (Advanced)
 Start Local HDD
 Testing Memory ⑥
```

Analysieren Sie fehlerhaften Arbeitsspeicher mit dem integrierten RAM-Tester.

Tipp! Wenn das System nicht über die CD startet, legen Sie im BIOS-Setup fest, dass der PC vom CD/DVD-Laufwerk starten soll. Sie erreichen das BIOS-Setup, indem Sie beim Systemstart eine Taste wie <**Entf**>, <**Esc**>, <**F1**> drücken. Im Setup suchen Sie eine Einstellung wie **Boot Priority** oder **Boot Sequence** und weisen dem CD-Laufwerk den Platz **1** zu.

Setzen Sie bei Virenverdacht eine weitere Live-CD ein

Beim Verdacht auf Virenbefall sollten Sie eine zweite Live-CD einsetzen. Denn auch ein aktueller Virenscanner erkennt nur ca. 98 % der im Umlauf befindlichen Schadsoftware. Setzen Sie deshalb zusätzlich die **Kaspersky Rescue Disk** zur Virenerkennung und Beseitigung ein. Denn wenn die eine Rettungs-CD keine Lösung zur Virenbeseitigung bietet – kann die andere vielleicht doch noch in sonst aussichtslosen Situationen helfen.

Die **Kaspersky Rescue Disk** http://support.kaspersky.com/de)
durchsucht nach dem Start das komplette System, einzelne
Laufwerke oder Verzeichnisse. Zusätzlich bietet die CD
einen Dateimanager, mit dem Sie Daten retten, infizierte
Dateien löschen oder Textdateien bearbeiten können. Für
die Internetrecherche im Fehlerfall steht eine deutsche
Version von Firefox bereit.

Um Ihr System auf Viren zu scannen, folgen Sie der
nachfolgenden Schritt-für-Schritt-Anleitung:

1. Starten Sie das System über die CD, drücken Sie eine
beliebige Taste und wählen Sie die gewünschte Sprache
aus.

2. Akzeptieren Sie die Lizenzbedingungen und wählen Sie
für den Start den **Grafikmodus.** Sollte es damit Probleme
geben, aktivieren Sie den **Textmodus.**

3. Anschließend werden die Laufwerke in das Dateisystem
eingebunden und der Virenscanner gestartet.

4. Um die Virensignatur zu erneuern, klicken Sie auf das
Register ❶ **Update** und klicken auf den Link **Update
ausführen.**

5. Nach dem Update wechseln Sie zurück auf das Register
❷ **Untersuchung von Objekten.** Wählen Sie ggf. die zu
durchsuchenden Laufwerke aus oder belassen Sie es bei der
Voreinstellung, um das gesamte System zu prüfen.

6. Aktivieren Sie den Scan mit einem Klick auf ❸
Computer auf Viren untersuchen.

7. Lassen Sie sich abschließend durch einen Klick auf **Bericht**, die Suchergebnisse anzeigen.

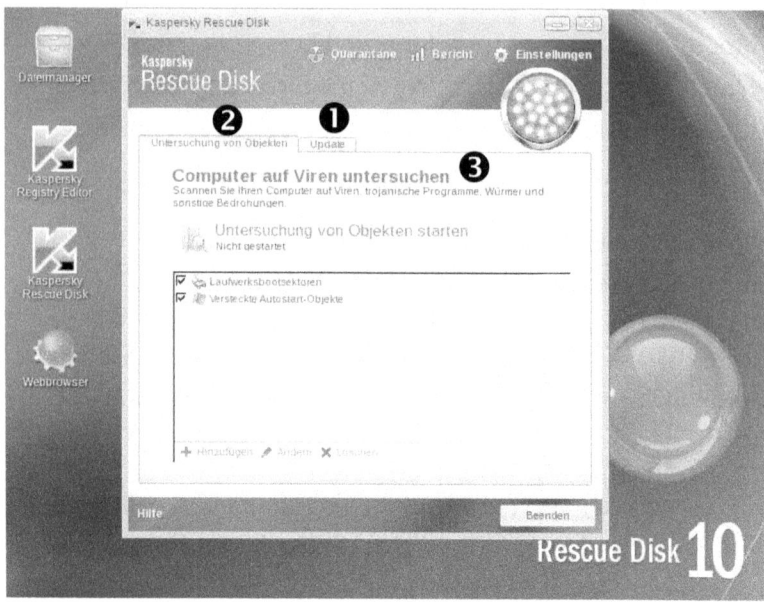

Laden Sie die aktuellen Signaturen und testen Sie Ihr System auf Viren.

Schützen Sie Ihr System vor versteckten Rootkits

Fast alle Trojaner und offen stehenden Hintertürchen lassen sich mit herkömmlichen Antivirenprogrammen zuverlässig entdecken. Leider aber eben nicht alle, denn immer öfter tarnen sich gefährliche Eindringlinge mit einer Tarnkappe: Sie greifen tief in die Funktionen von Windows ein und verschleiern auf diese Weise ihre verbrecherischen Aktivitäten. Mit dem kostenlosen Profi-Tool **RootKitRevealer** können Sie Ihr System überprüfen.

RootKitRevealer stammt übrigens von dem Mann, der die Plattenfirma Sony in arge Erklärungsnöte brachte, als er entdeckte, dass sich der Sony-Kopierschutz wie ein Rootkit im

System einnistet. Welches Tool könnte sich also besser eignen, um Ihren PC nach getarnten Schädlingen zu untersuchen.

Um Ihr System auf Rootkits zu überprüfen, gehen Sie wie folgt vor:

1. Laden Sie sich das Live-System **grml** (http://grml.org/download) herunter und brennen Sie die Image-Datei auf eine CD.

2. Öffnen Sie nach dem Start ein Terminal mit einem Klick auf das ❶ **xterm**-Symbol.

3. Vor einem Test sollten Sie ein Update der Virensignatur durchführen. Geben Sie dazu den ❷ Befehl **sudo rkhunter -- update** <Return> ein. Um das --Zeichen einzugeben drücken Sie die Taste <ß>.

4. Mit dem Befehl **sudo rkhunter -c** <Return> starten Sie einen kompletten Systemscan.

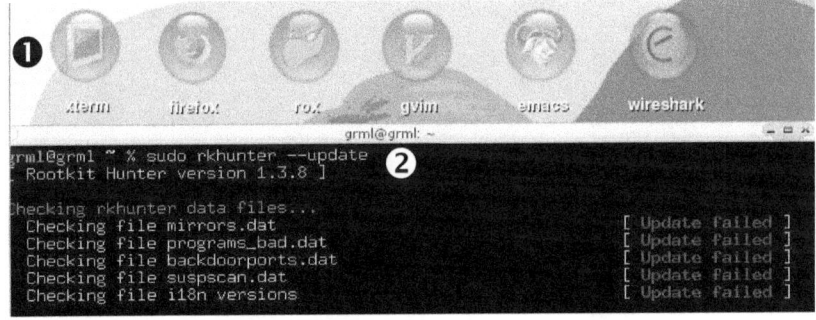

Laden Sie die neueste Virensignatur.

www.ingramcontent.com/pod-product-compliance
Lightning Source LLC
Chambersburg PA
CBHW051921170526
45168CB00001B/485